RECHERCHES HISTORIQUES

ET

GÉNÉALOGIQUES

LA FAMILLE

DE MONTLUISANT

RECHERCHES

HISTORIQUES & GÉNÉALOGIQUES

PAR

LE GÉNÉRAL DE MONTLUISANT

F. DUCLOZ

IMPRIMEUR A MOUTIERS-TARENTAISE

1891

MES CHERS ENFANTS

Vous m'avez prié de vous rappeler tout ce que nous savons, sur notre famille et nos alliances.

Je l'ai essayé. J'ai compulsé bien des documents. En voici le résumé :

Suivez mon exemple, enregistrez toujours avec exactitude les traditions de famille, et conservez avec cœur et avec soin les religieux souvenirs du passé.

Marsanne, le 30 avril 1891.

GÉNÉRAL DE MONTLUISANT.

A mes chers enfants, Charles et Marie.

Ne huz ne noise Tor Bon Sion

I

L A famille de Montluisant est originaire de la Guyenne puis de la Beauce. Elle vînt se fixer à Chartres vers la fin du XVe siècle.

Michel Gobineau était, en 1589, rece-veur des deniers communaux de la ville de Chartres. Zélé partisan du roi de Navarre, Henri IV, il fut dénoncé au duc de Mayenne qui commandait la place. [1]

Convaincu d'entretenir une correspondance secrète avec messire Claude de Montescot, trésorier de la maison du roi, réfugié à Beaugency, il fut dépouillé de sa charge et il fut ordonné « *que le dit Gobineau sera* « *retenu en sa maison sous la charge et garde d'honnestes* « *hommes, sires Pantaleon Rebours et Jean l'Homme,*

[1] Registre des Archives de la ville de Chartres. Archives de la mairie de Chartres. Registre de 1576 à 1607.

« *Bourgeois du dit Chartres, au presentement nommés et*
« *commis, qui observeront ses actions et département,*
« *sans qu'il lui soit loisible de conferer à autre qu'au*
« *sieur Rebours et sera fait description des papiers*
« *trouvés en la Maison* ». [1]

Les registres des deniers communaux (1590-1591)
constatent qu'on saisit dans la caisse du receveur 575
écus et qu'il fut payé « *à Georges Babou sieur de la*
« *Bourdaisière, gouverneur de Chartres, la somme de*
« *500 écus, procédant de la vente des biens et meubles*
« *pris par exécution sur le dit Gobineau.* » [2]

Henri IV entra à Chartres le 20 avril 1591, s'y fit
sacrer le 27 février 1594, et les habitants qui avaient
été victimes de leur dévouement à la cause royale,
furent largement dédommagés et récompensés.

C'est à partir de cette époque que Gobineau vit
grandir sa famille. Grâce à la bienveillance du Roi et
à la protection des familles puissantes, les *Montescot*,
les *Palaiseau*, etc,... ses enfants s'allièrent aux *Le Beau*,
de Montligeon, *de Plassan*, *Lemaire*, *Lambert*, *de
Vallée*, *de Fonteny*, *d'Ergnoust*, etc., etc.

---

[1] Archives de la ville de Chartres. Registre des archives, séance du
samedi 15 juin 1589.
[2] Archives de la ville de Chartres. Registres des deniers commun. 1589.

Michel Gobineau devint sieur de Montluisant, du nom d'une terre située très près de Chartres, au dessus de la vallée du Luisant.

Cet immeuble resta pendant plus d'un siècle dans la famille et fut vendu en 1778 à Monsieur de Brétignières, chanoine de la cathédrale de Chartres. [1]

Michel prit des armes parlantes qui furent enregistrées [2] *d'azur à la montagne d'argent, surmontée d'un soleil d'or en chef.*

Michel Gobineau, sieur de Montluisant, eut plusieurs enfants. Ceux qui restèrent en Beauce continuèrent à se signaler au milieu de leurs concitoyens. [3]

Jacques fut échevin de Chartres, 1615-1617.

Claude fut avocat du roi à Chartres de 1605 à 1620.

Jacques, sieur d'Auvilliers, fut lieutenant-général criminel en 1650.

Louis, sieur de Bionnois, fut conseiller du roi, lieutenant-général criminel au baillage de Chartres, 1676.

---

[1] Reconnaissance des années 1628, 1664, 1692. Dossiers recueillis par M. Lecocq, acte passé devant Mᵉ Chavard, notaire à Chartres, acquisitions du 14 avril 1778.

[2] Bibliothèque nationale, département des manuscrits; d'*Hozier-Orléanais*..

[3] Archives de la ville de Chartres.

Louis fut sieur d'Auvilliers et de Beauvoir.

Claude fut prévost de Chartres, 1695-1697.

Jacques et *Claude* furent chanoines de la cathédrale de Chartres, de 1626 à 1677.

Michel fut officier de S. A. R. Monsieur, et écuyer de Mademoiselle.

Un des derniers descendants des Gobineau chartrains est décédé en 1882, après avoir été successivement ministre plénipotentiaire de France à Athènes et à Stockolm.

Nous devons encore ajouter que la cloche de l'église du village de Luisant près Chartres, porte l'inscription suivante : « *J'ai été bénitte par Nicolas Lenay, curé de* « *Luisant, et nommée Louise Gabrielle par messire* « *Louis Gobineau, seigneur de Beauvoir, conseiller du* « *roi et de son Altesse-royale, lieutenant-général crimi-* « *nel au baillage et siège présidial de Chartres, et* « *Gabrielle Wuve, femme de messire Lebeau, conseiller* « *du roi, receveur des tailles de la ville et élection de* « *Chartres et Longuy, et pour Gaigers, Marié, Aubert* « *et Félix Saillier,* 1681. » [1]

---

[1] Lettre de M. Rouillon, curé de Luisant, du 20 septembre 1866.

II

JACQUES GOBINEAU
SIEUR DE MONTLUISANT

E fils aîné de Michel, Jacques Gobineau, sieur de Montluisant, fut échevin de la ville de Chartres en 1615. Il épousa Françoise Boileau, et de ce mariage eut plusieurs enfants dont l'aîné, *Esprit*, naquit certainement à Chartres, dans les premières années du XVIIᵉ siècle. [1]

---

[1] *Mémoires de la Société d'Archéologie de l'Orléanais*, volume XIX, pages 190 et suivantes.

Malgré de nombreuses recherches, on n'a pas pu retrouver la date précise de la naissance d'*Esprit*.

III

ESPRIT GOBINEAU
SIEUR DE MONTLUISANT

ESPRIT, fils aîné de Jacques, l'échevin, continua la ligne directe de la famille.

« On a peu de renseignements bio-
« graphiques sur lui. On sait seulement
« qu'il se destina d'abord à l'état ecclésiastique, puis
« qu'il abandonna l'Eglise et fut employé dans la
« trésorerie par Claude de Montescot. » [1]

Lorsqu'en 1619 une mutinerie éclata parmi les bourgeois de Metz et amena ce qui fut appelé la guerre des parpaillots [2], le cardinal de Richelieu envoya à Metz

---

[1] *Mémoires de la Société d'Archéologie d'Orléans*, page 190 et suivantes.
[2] *Histoire du Parlement de Metz*, par E. Michel.

un commissaire royal. Esprit suivit le commissaire enquêteur et se fixa à Nancy. Ce fut pendant ce séjour qu'il fit imprimer en 1626, chez Jacob Garnich, imprimeur de la ville de Nancy, un petit poëme : *L'ordre sacré de la Sainte Prêtrise,* qu'il dédia à Messire Dominique Doyen, curé de Maguere.

Lorsque l'édit royal du 15 janvier 1633 créa le Parlement de Metz, le comte Leclerc de Lesseville (chartrain) en fit partie comme conseiller. Il prit auprès de lui son compatriote Esprit de Montluisant et, aidé par son collègue Paul Chenevix, [1] il le fit nommer secrétaire-auditeur aux Enquêtes du Parlement. [2]

Esprit épousa à cette époque Catherine ***, veuve de *Dominique Tout le Monde,* [3] maître poudrier du roi et de la ville de Metz. Ils ne laissèrent qu'un fils *Estienne* qui suivra.

Pendant son séjour à Metz, Esprit publia plusieurs autres petits ouvrages.

En 1632, *Le Sacré Mont Carmel* [4] qu'il dédia à Mademoiselle Anne de Fabert, la sœur du Maréchal Abraham de Fabert. Voici la dédicace :

[1.2]. *Histoire du Parlement de Metz* et tome XIX des *Mémoires de la Société d'Archéologie de l'Orléanais,* page 190 et suivantes.

[3] Notice sur cette famille, *Histoire du Parlement de Metz* de Emile Michel. Voir plus loin aux pièces annexées.

[4] Exemplaire conservé à la Bibliothèque nationale.

« *A très noble et vertueuse demoiselle Anne de*
« *Fabert, épouse de très noble Nicolas du Jardin, con-*
« *seiller du roi et commissaire de ses guerres et pro-*
« *vinces et gouvernements de Metz, Toul et Verdun....*
« *je vous le dédie.... C'est une preuve de la recognois-*
« *sance des bienfaits que j'ai reçus de votre bénignité,*
« *et servira d'un témoignage véritable de l'honneur que*
« *je porte à vos mérites et à ceux qui vous touchent :*
« *particulièrement à Monsieur du Jardin votre mari et*
« *Messieurs Les Fabert, vos frères, etc., etc.*

« *Recevez donc ce petit ouvrage.*

« *Votre très affectionné serviteur,*

« E. G. DE MONTLUISANT. »

« *La Royale Themis* [1] *qui contient les effets de la*
« *justice divine humaine et morale et l'établissement de*
« *la Cour du Parlement de Metz, et les acrostiches sur*
« *les noms des seigneurs de la dite Cour par Esprit,*
« *sieur de Montluisant.* »

Esprit faisait partie de la phalange des chercheurs [2]

---

[1] Publié chez Claude Félix, imprimeur à Metz, 1634, in-4°, exemplaire conservé à la Bibliothèque nationale de Paris.

[2] Claude-Alexandre Séguier, né en 1656, trisaïeul du premier président Armand Séguier, dépensa à cette époque plus de 600 000 livres en essais absolument infructueux.

qui, vers le milieu du xviie siècle, étudiaient avec rage la science hermétique. Le but de cette science était la préparation d'une composition qu'on appelait pierre philosophale, laquelle jouissait de la propriété d'opérer la conversion d'un métal imparfait en or. Les alchimistes du xviie siècle considéraient les métaux imparfaits comme modifiables avec le temps, sous l'influence des corps célestes, en vertu d'une sorte de vie, qui ne se développait qu'avec une extrême lenteur. La pierre philosophale devait agir sur les métaux imparfaits à l'instar d'un ferment. [1]

Esprit publia le résumé de ses études et de ses réflexions dans deux petits ouvrages qui ont été conservés et reproduits dans le recueil de Guil Salmon. Voici le titre du premier.

« *Enigmes et hiéroglifs physiques qui sont au grand*
« *portail de l'église cathédrale et métropolitaine de*
« *N.-D. de Paris, avec une instruction très curieuse sur*
« *l'ancienne situation et fondation de cette église et sur*
« *l'état primitif de la cité.*

« *Le tout recueilli des ouvrages d'Esprit Gobineau*
« *de Montluisant, gentilhomme chartrain, ami de la*

---

[1] Pour la question hermétique, voir le *Journal des Savants*, décembre 1851, page 953 et suivantes. Rapport de M. Chevreul.

3

« *philosophie naturelle et alchimique et d'autres philo-*
« *sophes très anciens.*

« *Par un amateur des vérités hermétiques, dont le*
« *nom est ici en anagramme :*

PHILOVITA, O', URANISCUS

« *Dimitte certicem, & recipe nucem,*
« *Tunc tibi sic revelatur mysterium*
« *Sophorum, & intelligitur omnis sapientiæ.* » [1]

Le deuxième ouvrage [2] publié par Esprit de Montluisant sur ces questions porte pour titre :

« *Le Traité secret de l'Art philosophique, ou l'arche*
« *ouverte, autrement dit la Cassette du Petit Paysan.* »

Ces deux derniers ouvrages n'ont aucune valeur
scientifique ou littéraire. Ils ne sont que curieux.

Les publications d'Esprit de Montluisant existent
dans les grandes bibliothèques de Paris, mais ils
paraissent très rarement dans les ventes, et nous n'avons
pas pu nous en procurer un seul exemplaire.

---

[1] et [2] Ces deux ouvrages sont reproduits textuellement dans la *Bibliothèque des philosophes chimiques*, publiée par Guil Salmon en 1672, 3 vol.
in-8°, mais il faut se reporter au 4e volume publié en 1754 par Charles
Caillaux. Ce 4e volume est introuvable ; je ne l'ai rencontré que dans la
bibliothèque de l'Ecole de Médecine à Paris.

IV

ESTIENNE DE MONTLUISANT

Stienne de Montluisant, fils d'Esprit et de Catherine, veuve Dominique Tout le Monde, est né en 1642. Il fut reçu en 1667 au Parlement de Metz, où il jouissait de l'estime particulière de la Cour. [1]

De son union avec Marie de Foigny naquirent trois fils et une fille. Marie de Foigny décéda à Metz, le 9 février 1678, à l'âge de 33 ans. [2] Le surlendemain, l'un de ses fils nommé Estienne mourut à l'âge de 9 ans.

---

[1] *Biographie du Parlement de Metz*, par E. Michel. Metz 1853, page 200 et suivantes.

[2] *Histoire de la Cathédrale de Metz*, par Bégin, 2e volume, page 159. Son frère le chanoine fut inhumé dans la cathédrale de Metz. Son épitaphe a été conservée.

La mère et le fils furent inhumés dans l'église St-Martin. Estienne ne survécut pas longtemps à cette double et cruelle épreuve et mourut à Metz, le 14 août 1680. Son fils Nicolas, âgé de 12 ans, assista à son convoi.

V

MARC-ANTOINE DE MONTLUISANT

ARC-ANTOINE, né en 1670, d'Estienne de Montluisant et de Marie de Foigny, mourut en 1730. Il avait épousé en 1715, Marie-Alexie de Millot, qui s'éteignit la même année (1730), après lui avoir donné trois fils :

1° *Charles-Louis*, né en 1717, qui suivra.

2° Marc-Antoine qui épousa V. Rodovan de Gand et fit souche pour la Branche des Flandres. [1]

---

[1] Pour la famille Rodovan, voir l'*Espinoy*, Recherches sur les familles des Flandres, pages 967 et suivantes.

3° Bruno-Nicolas qui épousa Françoise de Baudot et fit souche à son tour à Dijon. Le fils de Bruno-Nicolas épousa à son tour Marie-Thérèse de La Vergne qui lui donna de nombreux enfants, parmi lesquels on trouve les barons de Montluisant d'Autriche. Leur dernier représentant, né en 1815, est aujourd'hui (1891), général en retraite à Gratz (Styrie).

Une fille de Bruno-Nicolas et de Marie-Thérèse de La Vergne épousa un officier Français, M. Mesquite, et lui donna de nombreux héritiers. Leur chef aujourd'hui (1891) est Monsieur Eugène Mesquite, vice-président du Conseil général d'Eure-et-Loir, officier de la Légion d'honneur. Il habite le beau château historique de Nogent-le-Roi.

VI

CHARLES-LOUIS DE MONTLUISANT

HARLES-LOUIS, fils de Marc-Antoine et d'Alexie de Millot, né en 1717, fut par brevet du roi [1] du 7 avril 1763, nommé inspecteur des bâtiments et usines du roi de France pour les royaumes de Lorraine et Barrois.

Il dirigea de nombreux et importants travaux que nous allons rapidement indiquer :

— En 1749, il dressa les projets, plans et devis de la nouvelle salle de la Comédie à Nancy ; les projets et plans de l'Ecole des Frères de la Doctrine chrétienne. [2]

[1] Archives du Royaume, lettres patentes, volume O', nᵒ 293. V.
[2] Archives de Nancy par Henri Le Page, vol. 3, page 46 et vol. 2, page 378.

— En 1751, il fit les projets de la grande place de la ville neuve pour l'agrandissement, suite de la démolition de l'ancien hôtel de ville. [1]

— En 1766, il reçut de grands éloges et une gratification exceptionnelle de 2400 livres. [2]

— En 1768, il rédigea les projets de la nouvelle place du marché aux bestiaux. [3]

— De 1771 à 1772, il prépara l'établissement de l'hôpital général de Nancy.

— Enfin, il dirigea et organisa la belle promenade de la Pépinière royale. Son nom a été conservé sur l'inscription lapidaire placée près de la grande grille. [4]

Charles-Louis épousa Suzanne Jacquart, nièce du peintre qui a décoré la cathédrale de Nancy. Il possédait en 1767 la maison n° 198 de la rue St-Dizier, voisine de l'hôtel de Ludre.

Suzanne Jacquart mourut le 9 février 1780 et

[1] Archives de Nancy, par Le Page, tome 3, page 145.
[2] et [3]   id.   id.   tome 4, page 15 et suivantes.
[4] Les Promenades de Nancy, à l'article *Pépinière*.
La promenade de la Pépinière a été établie sur les anciens bastions de la ville et sur les emplacements des jardins du palais Ducal. Sa superficie est de 22 hectares. Commencée en 1765, elle fut achevée en 1774, ainsi que le rappelle l'inscription qui est encastrée dans le mur à gauche de la grille, au fond de la promenade.

Charles-Louis peu de temps après, le 14 mai 1780, laissant quatre fils et deux filles :

— *Charles-François*, né en 1752, qui suivra la filiation.

— Louis qui fut tué sur le champ de bataille.

— François [1] qui partit en 1780 pour la guerre d'Amérique.

— Thérèse qui n'a pas laissé de postérité.

— Suzanne qui épousa Me Estienne, notaire à Nancy.

— Joseph-Alexis, avocat, conseiller du roi, assesseur à Dieuze, qui n'a laissé que des filles.

Une lettre retrouvée dans les archives de la marine a fait savoir d'une manière précise le départ du deuxième enfant, François. Embarqué sur la frégate l'*Eriel*, commandée par le commodore Paul Jones, il fit voile de Lorient, mais il rentra immédiatement, le bâtiment ayant été dématé et désemparé par un coup de vent près l'île de Groix. Par dépêche datée de Lorient, 16 octobre 1780, le jeune lieutenant sollicita son passage sur un des premiers vaisseaux en partance pour l'Amérique, où il désirait servir sous les ordres du général de La Fayette. Par décision du 21 octobre 1780, le ministre l'autorisa à s'embarquer à Brest pour le 27 du même mois.

---

[1] Archives du ministère de la marine. Personnel, dossier n° 76.

4

L'officier ne donna plus de ses nouvelles à ses parents. Il est plus que probable, qu'il fut tué dans un des nombreux combats qui se succédèrent à cette époque pour l'émancipation des colonies anglaises.

VII

CHARLES-FRANÇOIS
DE MONTLUISANT

HARLES-FRANÇOIS de Montluisant, né le 9 mai 1752, l'aîné des enfants de Charles-Louis et de Suzanne Jacquart, fut élevé à Nancy. Dirigé par son père et doué d'une aptitude remarquable pour les sciences, il fut admis à 20 ans (en 1772) à l'école des ponts-et-chaussées.

Il servit d'abord à Grenoble sous les ordres de l'ingénieur en chef Marmillot. Plus tard, comme ingénieur, et ensuite comme inspecteur, à partir du 5 septembre 1787, il résida principalement à Valence-sur-Rhône, où il provoqua des travaux très importants.

On lui doit le commencement des quais du Rhône

à Valence; la belle rectification de la grande route de Marseille à Lyon, dans le parcours du bas Dauphiné et la traversée des villes de Montélimar et Valence. C'est lui qui dressa les projets et fit exécuter le pont en pierre sur le Roubion au midi et en aval de Montélimar, etc., etc.

Il épousa, le 12 décembre 1780, Marguerite de Gonin, d'une ancienne famille lyonnaise et dauphinoise.

Promu ingénieur en chef, mais dénoncé comme noble et suspect, il devint une des victimes de la grande Révolution. Incarcéré à la citadelle de Montélimar, il n'en sortit qu'à la suite du 9 thermidor pour aller mourir dans sa famille des suites de ses longues souffrances physiques et morales.

Il laissait trois enfants :

— *Charles-Laurent-Joseph* qui va suivre.

— Bruno qui fut tué à l'armée d'Italie dans la Calabre.

— Thérèse qui n'a pas laissé de postérité.

VIII

CHARLES-LAURENT-JOSEPH
DE MONTLUISANT

CHARLES-LAURENT-JOSEPH de Montluisant, né à Montélimar, le 22 décembre 1782, fit partie des premières promotions de l'École polytechnique. Devenu ingénieur des ponts-et-chaussées, il se fit toujours remarquer dans les différents postes qui lui furent confiés. Promu ingénieur en chef en 1824, il dirigea dans les ports de Toulon, d'Alger et de Marseille des travaux très importants. Une étude assez détaillée a été rédigée pour mettre en lumière les efforts de cet ingénieur modeste mais éminent. Elle sera bientôt imprimée.

Nous nous bornerons à rappeler ici, que non seulement il laissa des traces fécondes dans les ports de la Méditerranée, mais qu'il fut chargé du contrôle du chemin de fer de Marseille à Avignon et collabora avec MM. Talabot et Didion. Plus tard, avec son collègue, M. Guillaume, ingénieur en chef du département du Var, il proposa et présenta le projet du chemin de fer de Marseille à Toulon.

Il épousa, le 8 août 1818, à Grenoble, Caroline Colaud de la Salcette, fille aînée du général de division de ce nom.

Retiré à Marsanne (Drôme) en 1848, il est décédé en 1859, laissant deux enfants, un fils et une fille :

— *Charles-Bernardin-Marie* qui suit.

— Edmée qui a épousé en 1847, le baron Jules de Laguette de Mornay. Ils n'ont qu'une fille, Valentine qui est devenue en 1887, Madame Paul de Billy.

IX

CHARLES-BERNARDIN-MARIE
DE MONTLUISANT

CHARLES-BERNARDIN-MARIE, né le 10 juillet 1820, de Charles-Laurent-Joseph de Mont-luisant et de Caroline Colaud de La Salcette, fit ses études à Toulon et à Paris. Accueilli dans cette dernière ville, en 1834, par son cousin, le vicomte Ludovic de Vaufreland, et traité comme un de ses enfants, il eut la bonne fortune d'être placé au collège Rollin. De 1834 à 1842, il se forma sous une haute direction intelligente et paternelle qui le conduisit, en 1840, à l'école polytechnique, et en 1842, à l'école de l'artillerie et du génie à Metz.

Présenté au duc de Montpensier par le général de

Lasalle, il fut appelé sous les ordres du prince à Vincennes en 1844. De 1844 à 1847, il fut membre des premières commissions qui furent chargées d'étudier les canons rayés et les obus à balles.

Promu, en 1854, sous-directeur de l'atelier de précision du ministère de la guerre, il prit une part active aux études de l'artillerie rayée dirigées par S. M. l'Empereur Napoléon III. Dévoué collaborateur du général Baron Treuille de Beaulieu, il fut successivement envoyé aux expériences de Toulon, de Gavres et du camp de Chalons.

Devenu lieutenant-colonel en 1869, il fut désigné en 1870, sur sa demande, pour commander l'artillerie de la 1re division du 6e corps de l'armée du Rhin. Il commanda ses batteries aux grandes batailles des 14, 16 et 18 août, à Borny, Rezonville et Saint-Privat; reçut le commandement de la réserve de l'artillerie du 6e corps, pendant le blocus de Metz; enfin il fut classé parmi les 15 officiers que le maréchal Canrobert proposa pour une citation à l'ordre de l'armée.

Chargé par M. Thiers et par le maréchal de Mac-Mahon de diriger, après la guerre, les expériences techniques d'artillerie sur la plage de Calais, il présida à la création de la commission d'études et à l'adoption de la nouvelle artillerie de 1876.

Récompensé et fait général de brigade, le 12 avril 1877, il commanda l'artillerie du 15ᵉ corps à Valence et en organisa le transfert et la nouvelle installation à Nîmes.

Enfin, après avoir été nommé général de division, le 6 juillet 1882, et trois fois inspecteur général, il reçut la plaque de grand officier de la Légion d'honneur et se retira à Marsanne, le 10 juillet 1885.

Il a épousé, en 1849, *Gabrielle de la Poix de Fréminville* qui lui a donné trois enfants :

— Athénaïs, morte très jeune.

— *Charles-Marie-Joseph*, né en 1863, qui suit.

— Marie, née le 16 décembre 1864, mariée, en 1887, à Bernard de Mont-de-Benque, capitaine au 75ᵉ régiment d'infanterie.

Ils ont une fille, Germaine, née en 1889.

X

CHARLES-MARIE-JOSEPH
DE MONTLUISANT

HARLES-MARIE-JOSEPH de Montluisant, fils de Charles-Bernardin-Marie de Montluisant et de Gabrielle de La Poix de Fréminville, est né le 20 juin 1863. Il est aujourd'hui lieutenant au 22ᵉ régiment d'infanterie et détaché à l'Ecole supérieure de guerre.

TABLEAU GÉNÉALOGIQUE DES MONTLUISANT

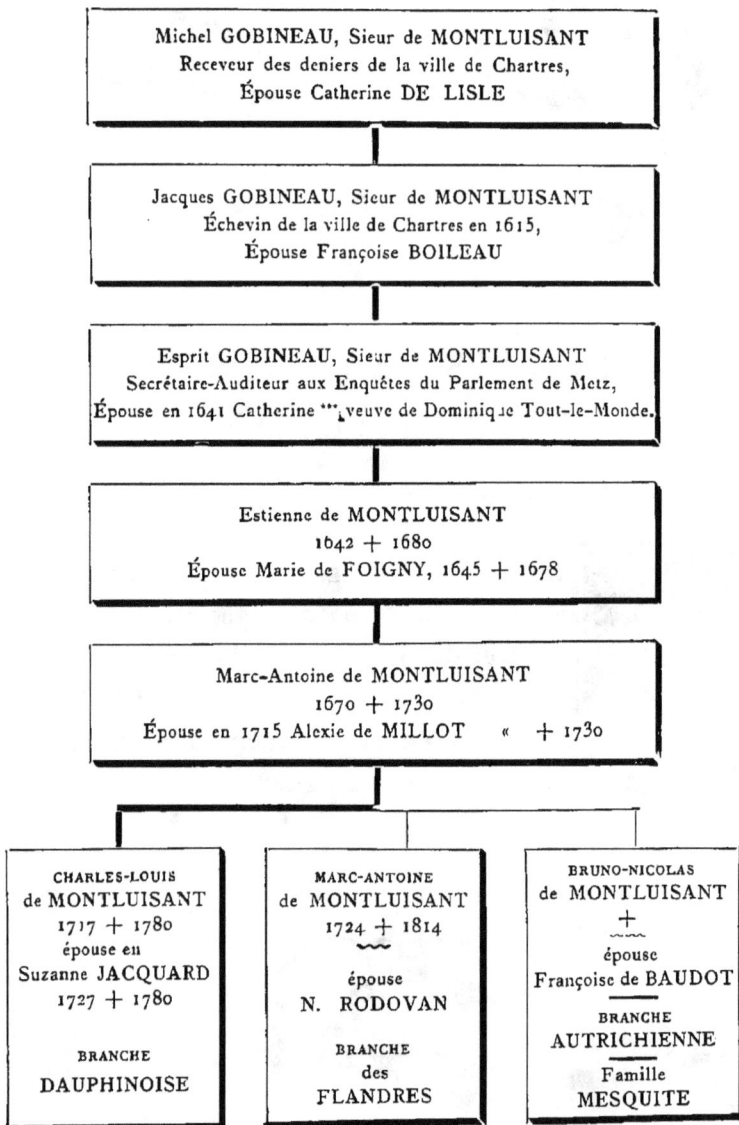

Michel GOBINEAU, Sieur de MONTLUISANT
Receveur des deniers de la ville de Chartres,
Épouse Catherine DE LISLE

Jacques GOBINEAU, Sieur de MONTLUISANT
Échevin de la ville de Chartres en 1615,
Épouse Françoise BOILEAU

Esprit GOBINEAU, Sieur de MONTLUISANT
Secrétaire-Auditeur aux Enquêtes du Parlement de Metz,
Épouse en 1641 Catherine ***, veuve de Dominique Tout-le-Monde.

Estienne de MONTLUISANT
1642 + 1680
Épouse Marie de FOIGNY, 1645 + 1678

Marc-Antoine de MONTLUISANT
1670 + 1730
Épouse en 1715 Alexie de MILLOT « + 1730

| CHARLES-LOUIS de MONTLUISANT 1717 + 1780 épouse en Suzanne JACQUARD 1727 + 1780 BRANCHE DAUPHINOISE | MARC-ANTOINE de MONTLUISANT 1724 + 1814 épouse N. RODOVAN BRANCHE des FLANDRES | BRUNO-NICOLAS de MONTLUISANT + épouse Françoise de BAUDOT BRANCHE AUTRICHIENNE Famille MESQUITE |

5.

BRANCHE DAUPHINOISE

Charles-Louis de MONTLUISANT
1717 + 1780
épouse Suzanne JACQUART
1727 + 1780

Charles-François
1752 + 1794
épouse en 1780
Marguerite de Gonin

Louis
officier tué à l'armée

François, officier
disparu à l'armée sous
Lafayette, guerre
d'Amérique.

Thérèse
née
+ 1877
épouse en 1817
Florian Odouard

Thérèse

Suzette
épouse
M. Estienne

Joseph-Alexis
Conseiller du Roi,
Assesseur à Dieuze

Claude-Marcel
1787 + 1853
épouse
Émilie Claudel
1789 + 1877

Félicie
1823 + 1884

Émilie
1817 + 1886

Élisa
1813 + 1890

Charles-Laurent-
Joseph
1782 + 1859
épouse en 1818
Caroline Colaud de
La Salcette
1800 + 1859

Bruno
tué à l'armée

Charles-Bernardin-
Marie,
Comte de Montluisant
1820 +
épouse en 1849
Gabrielle de La Poix de
Fréminville
1829 +

Edmée
1824 +
épouse en 1847
Jules, baron Laguette
de Mornay

Charles-Marie-Joseph
Vicomte de Montluisant
1863 +

Marie 1864 +
épouse en 1887
Bernard de Mont de
Benque

Germaine, 1889

BRANCHES AUTRICHIENNE
ET MESQUITE

Bruno-Nicolas DE MONTLUISANT
épouse Françoise de Baudot

Bruno
épouse Marie-Thérèse de La Vergne

Estienne
marié le 9 nov. 1752

Henri
mort à l'armée.

François
Baron von Montluisant
Chevalier de Marie-
Thérèse
1778 †
épouse en 1806
Anna, fille du feld-maré-
chal baron Elnitz

Bruno
1777 † 1851
épouse Anna Matzaki
von Ottenburg
née 1796 † 1874

Marie

Sophie A.

Louise
épouse N.
Mesquite,
1763 †

F. Sophie
épouse N.
Bailleul

Caroline-
Adeline
1807 † 1874
épouse N. de
Lassus

Bruno
baron von Montluisant
général-major, chevalier
de Marie-Thérèse
1815 †
épouse en 1859
Thérèse Rejakowick
† 1862
en retraite à Gratz (1891)

Victoire Herminie

Henri
épouse Hortense
de Courbe

Eugène
épouse en
Héloïse Hauguin

Adèle

Alfred

BRANCHE DES FLANDRES

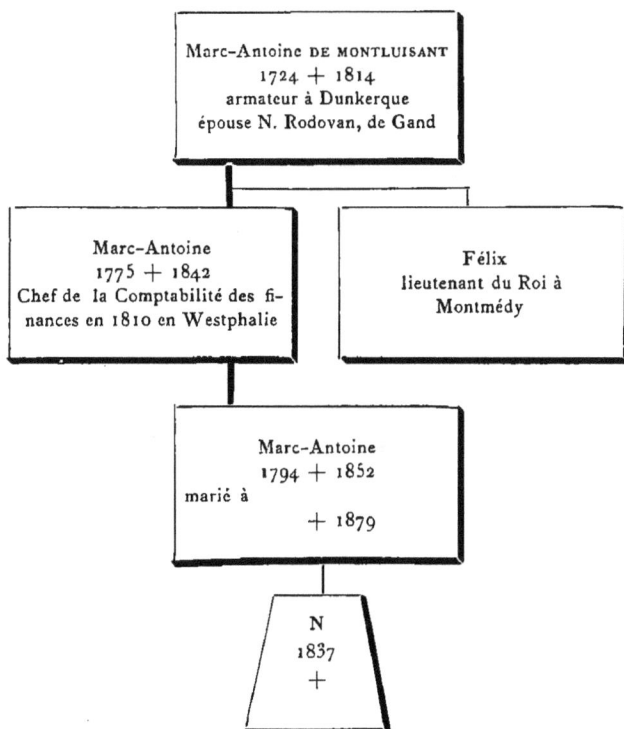

Marc-Antoine DE MONTLUISANT
1724 + 1814
armateur à Dunkerque
épouse N. Rodovan, de Gand

Marc-Antoine
1775 + 1842
Chef de la Comptabilité des finances en 1810 en Westphalie

Félix
lieutenant du Roi à
Montmédy

Marc-Antoine
1794 + 1852
marié à
+ 1879

N
1837
+

ANNEXE

DOCUMENTS OFFICILES

PIÈCES JUSTIFICATIVES

ALLIANCES

NOTES DIVERSES

NOTE SUR LES GOBINEAU CHARTRAINS

On trouve à la Bibliothèque nationale, manuscrits, pièces originales, n° 1342, de nombreux documents qui ont été notés :

— 8 juin 1650, Jacques Gobineau, écuyer, sieur d'Annillure, conseiller du roi.
— 1663, Gobineau, sieur de Carillon, fils de défunt Jacques Gobineau, lieutenant-général criminel au Bailliage.
— 1662, noble, haut gentilhomme, Michel Gobineau, conseiller du roi, lieutenant-général au bailliage de Chartres.
— 1670, Gillar Gobineau, officier réformé à la suite de ses campagnes dans le régiment de Picardie.
— 1676. Louis Gobineau, écuyer, sieur de Biaunois, conseiller du roi, lieutenant-général criminel au bailliage de la ville de Chartres.
— Charlotte Tixerrant, veuve de Gobineau, écuyer, sieur de Plassan, conseiller du roi.

Dans les dossiers bleus de la même Bibliothèque nationale on trouve encore au n° 8099 :

— Gobineau porte pour armes d'argent, accompagné d'azur à la fasce ondée d'un soleil d'or en chef.
— Jacques Gobineau, escuyer, sieur d'Auvilliers, lieutenant-général criminel au siège et bailliage de Chartres, président, etc., épousa Françoise Le Beau, fille de Giles Le Beau, sieur de Montligeon et d'Elisabeth d'Alesso.
— Son fils aîné, François, épousa Marie-Jeanne Vallée qui porte d'hermine.
— Françoise-Gobineau, femme d'Armand de Fonteny, seigneur de Menainville, mourut en 1717.

— Jeanne Gobineau épousa Florent d'Ergnoust, seigneur de Prestenville, et, en secondes noces, Jean-Baptiste d'Arlinkton, écuyer, capitaine au régiment de Rose.

— Louis Gobineau d'Auvilliers, sieur de Beauvoir, épousa, en 1710, Marie-Françoise Le Beau, fille de Claude, sieur de Montligeon et de Louise-Marie Poluche.

— Michel Gobineau, écuyer, gentilhomme de Mademoiselle, épouse Marie Grandet qui portait : d'azur au chevron d'or, accompagné en pointe d'une coquille du même ; au chef cousu de gueules, chargé de trois étoiles d'argent de rang.

Dans l'Armorial général de d'Hozier, 30 janvier 1699, Gobineau, volume l'*Orléannais,* n°s 54, 596, 619, 611.

— 54. Louis Gobineau, d'azur à la fasce ondée d'argent, accompagnée d'un soleil d'or en chef.

— 596. Anne de Braquemont, veuve de Jacques Gobineau, conseiller du roi (n° 61), d'or à un pal fuzelé de gueules.

— 619. N° 208, Michel Gobineau, officier de S. A. R., d'azur à un croissant d or.

— 611. N° 152, Claude Gobineau, ancien prévost de la ville et chanoine de la cathédrale de Chartres porte : d'argent à une bande fuzelée de sable.

Jean-François Gobineau, capucin chartrain, publia, en 1746, des poésies latines en l'honneur de Monseigneur de Fleury.

Chartres, imprimerie veuve Jean Roux, in-4°.

CHARLES-LAURENT-JOSEPH DE MONTLUISANT

Etats de services : [1]

Né le 20 décembre 1782.

Ecole des ponts-et-chaussées, 22 novembre 1802.

Elève ingénieur, employé à la route d'Italie (Drôme), 1803.

    id.   travaux de Boulogne, 1804.

Aspirant, employé aux dunes de Blanckemberg, 1805.

Envoyé au dessèchement des marais de Bourgoin, 1806.

Ingénieur de 2e classe, décret signé à Varsovie, 1er novembre 1806.

Ingénieur de 1re classe à Grenoble, 1er octobre 1815.

    id.   Chargé du projet du canal latéral au Rhône, d'Arles à Malmouche, 24 mai 1822.

Ingénieur en chef de 2e classe à Toulon-sur-Mer, 27 avril 1825.

Ingénieur en chef de 1re classe, 10 mars 1834.

    id.   Envoyé à Marseille, 1er janvier 1836.

Ingénieur en chef directeur, 1er janvier 1838.

Chargé des études du chemin de fer de Marseille à Toulon, ordre du 5 juin 1842.

Chargé du contrôle du chemin de fer de Marseille à Avignon, ordre du 5 juin 1842.

Mis en retraite par arrêté du gouvernement provisoire, 24 mars 1848.

Mission à Alger pour étudier la question du port et de son agrandissement, ordre du 5 juin 1835.

Chevalier de la Légion d'honneur, 31 octobre 1828.

Officier, 27 avril 1845.

---

[1] Ministère des travaux publics. Archives. Personnel.

CHARLES-BERNARDIN-MARIE DE MONTLUISANT

États de services :

Né le 10 juillet 1820.

Ecole polytechnique, 1er novembre 1840.

Lieutenant en 2me d'artillerie, 1er octobre 1844.

Lieutenant en 1er, 7 février 1847.

Capitaine en 2me, 19 mars 1851.

Capitaine en 1er, 27 octobre 1855.

Chef d'escadrons, 12 août 1861.

Lieutenant-colonel, 3 août 1869.

Lieutenant-colonel, commandant supérieur des 5e, 7e et 8e batteries du 8e régiment détachées à la 1re division d'infanterie du 6e corps d'armée commandé par le maréchal Canrobert (armée du Rhin), 16 juillet 1870.

Commandant la réserve d'artillerie du 6e corps à Metz, armée du Rhin, 20 août 1870.

Président de la commission de tir de Calais, 20 avril 1872.

Colonel, 31 décembre 1872.

Général de brigade, 12 avril 1877.

Général de division, 6 juillet 1882.

Retraité, 10 juillet 1885.

Campagnes contre l'Allemagne 1870-1871. Batailles de Gravelotte, de St-Privat. Combats de Ste-Barbe, 31 août et 1er septembre 1870, de Ladonchamps, etc., etc.

Prisonnier de guerre à Dresde du 28 octobre 1870 au 31 mars 1871.

Chevalier de la Légion d'honneur, 3 avril 1859. Officier, 12 août 1866. commandeur, 19 octobre 1874 ; grand-officier, 1885.

Chevalier de St-Grégoire-le-Grand de Rome, 13 juin 1856.
Officier des Sts-Maurice et Lazare d'Italie, 5 mars 1863.
»   de la Tour et de l'Epée du Portugal, 1ᵉʳ septembre 1865.
»   du Sauveur de Grèce, 2 juin 1866.
»   de Charles III d'Espagne, 25 novembre 1867, avec autorisation
ministérielle du 13 août 1869.

CHARLES-BERNARDIN-MARIE DE MONTLUISANT
général de division, Comte romain héréditaire

Sur la demande de l'archevêque d'Avignon, Monseigneur Vigne, et de l'évêque de Valence, Monseigneur Cotton, le Pape Léon XIII a accordé le bref suivant.

La traduction a été faite à Rome par Monseigneur de Ragnau, prélat domestique de Sa Sainteté, Référendaire de la signature papale :

A notre cher fils, CHARLES DE MONTLUISANT, Chevalier et Général dans les armées françaises.

LÉON XIII, PAPE

Cher fils, salut et bénédiction apostoliques. Les requêtes et les demandes spéciales des prélats d'Avignon et de Valence, nous ont appris que vous vous distinguiez par l'illustration de votre race, l'intégrité de votre vie et le mérite de votre piété. Vous avez mis votre gloire à unir ensemble la vertu militaire et l'amour de la religion, et vous vous appliquez avec un zèle infatigable à tout ce qui peut augmenter la gloire du nom chrétien, l'honneur du Saint-Siège, comme aussi à exercer les œuvres de charité et à procurer aux enfants les bienfaits d'une éducation chrétienne. Vous nous avez donc semblé digne d'être revêtu d'un insigne honneur, dont le titre ne dût pas se terminer avec votre vie, mais pût encore illustrer votre postérité. C'est pourquoi voulant vous témoigner notre particulière bienveillance à vous, comme à tous et à chacun de ceux qui vont bénéficier de ces présentes lettres, nous vous absolvons et voulons que vous soyez considéré comme absous, à l'effet seulement de recevoir la dignité que nous voulons vous conférer, de toute excommunication ou

6

interdit, de toutes autres sentences, censures, ou peines ecclésiastiques, si par hasard eux ou vous en avez encouru, n'importe comment, ou pour quelque cause que ce soit. Ensuite, cher fils, par ces lettres et en vertu de notre autorité, nous vous faisons et vous déclarons *comte* vous et vos descendants de mâle en mâle et pour les aînés seulement, pourvu qu'ils naissent de légitime mariage, qu'ils n'apostasient pas la religion catholique et qu'ils persévèrent dans la soumission qu'ils doivent au Saint-Siège de Rome.

Par conséquent nous vous accordons, à vous et à vos descendants ci-dessus désignés, le droit et le pouvoir de vous appeler et de vous faire appeler de ce titre d'honneur dans tous les actes publics ou privés, dans les chartes et dans toutes les lettres apostoliques; nous voulons que vous puissiez user et jouir de tous les honneurs, privilèges, prérogatives et indults accordés, ou pouvant plus tard être accordés à ceux qui sont décorés de ce titre. Nous déclarons les présentes lettres établies valides et efficaces pour le présent et pour l'avenir, les considérant déjà comme ayant obtenu leur plein et entier effet et intimant à tous ceux que cela regarde ou regardera par la suite, l'obligation de les appuyer de tous leurs efforts. Par conséquent tout juge ordinaire ou délégué, toute personne revêtue d'une prééminence ou d'un pouvoir quelconque dans le présent ou dans l'avenir, devra porter des sentences ou des décisions conformes. Nous leur enlevons tout pouvoir, toute autorité de juger ou d'interpréter différemment, déclarant d'avance nul et sans effets, tout acte attentatoire à ces lettres quelle que soit l'autorité qui puisse le commettre soit sciemment, soit par ignorance. L'effet des présentes ne doit être emporté par aucun acte ou document qui semblerait contraire.

Donné à Rome auprès de Saint-Pierre, sous l'anneau du Pêcheur. Le 4e jour de janvier 1890, de notre pontificat, l'an 12e.

Sceau de l'anneau
du Pêcheur.

Signé :
M. CARD. LEDOKOWSKI.

NOTE SUR LES
DE MONTLUISANT AUTRICHIENS

Bruno de Montluisant, né en 1777, et François de Montluisant, né en 1778, entrèrent à l'école de Cadets de Prague en Bohême, vers 1787.

Ils devinrent officiers dans leur nouvelle patrie.

— En septembre 1816, Bruno de Montluisant était capitaine au régiment de Kolowrath, infanterie, et chevalier de St-Wladimir. Il est mort en 1851. Sa femme Anna Matzack Von Ottenburg, née en 1784, est décédée en 1872. Ils n'ont pas eu de postérité.

— François de Montluisant, capitaine au 11ᵉ chasseurs autrichien, épousa en 1806, Anna, fille du feld-maréchal baron Elnitz.

François et son fils devinrent tous deux chevaliers de l'ordre de Marie-Thérèse.

François fut fait baron héréditaire de l'empire d'Autriche le 17 décembre 1811. Voici quelques extraits du brevet impérial accordé par l'empereur François Iᵉʳ :

« Il est parvenu à notre connaissance que notre cher et féal Jean-
« François de Montluisant a très humblement sollicité d'être élevé à la
« dignité de baron, à raison de ses services antérieurs : Savoir que le
« susnommé a acquis, à un très haut degré, l'estime de ses chefs par la
« bravoure et le courage qu'il a montrés devant l'ennemi en toutes circons-
« tances et s'est particulièrement distingué le 8 novembre 1805, où de son
« propre mouvement, il rassembla les hommes de bonne volonté du régi-
« ment Deutschmeister, les entraîna courageusement et résolument à la
« rencontre d'un ennemi supérieur en nombre, occupa une position impor-
« tante et par une fermeté inébranlable contint l'ennemi jusqu'à ce que les

« trésors de Mariazell et la caisse eussent été emportés et les canons sauvés.
« Au combat de Neuhaus, il entretint le feu contre un adversaire dix fois
« plus fort jusqu'à la nuit, et jusqu'à ce qu'il tombât frappé d'un coup de
« feu et de six coups de bayonnettes.

« Qu'il a également, le 8 juillet 1809, pris d'assaut à Mauthausen,
« avec les troupes placées sous ses ordres, une redoute bavaroise, fait pri-
« sonnier un officier et trente hommes et enlevé un obusier. A la suite de
« ces faits et pour récompenser des mérites aussi distingués, non content de
« l'avoir nommé capitaine dans la quatrième division de chasseurs et de lui
« avoir conféré la petite croix de l'ordre militaire institué par notre aïeule,
« sacrée impératrice-reine, Marie-Thérèse, de glorieuse mémoire, nous
« l'avons aussi élevé à la dignité de Baron de l'empire d'Autriche, lui et
« ses héritiers, cela pour tous les temps futurs, et avons joint à cette dignité
« l'appellation honorifique de Wohlgeboren, que nous l'autorisons, lui et
« ses descendants légitimes, à employer dès à présent et à l'avenir...

« Comme preuve durable de cette faveur impériale et de l'élévation
« à la dignité de baron, nous avons octroyé à J. F., baron de Montluisant,
« les armoiries suivantes, savoir : un écu rectangulaire allongé, arrondi au
« bas et terminé en pointe, écartelé au *premier* et au *quatrième* d'argent
« au lion furieux, de gueules, au *deuxième* et au *troisième* de gueules, por-
« tant seize losanges d'argent formant carré par quatre dans les deux sens.
« L'écu est surmonté d'une couronne de baron, par dessus repose un casque
« de tournoy placé dans le bandeau et entouré d'une draperie artistement
« panachée de gueules et d'argent qui retombe sur les deux côtés. Le casque
« porte la visière ouverte avec son collier d'or, et de la couronne qui le
« surmonte surgit le lion de gueules de l'écu. »

Le baron Von Montluisant qui épousa, en 1806, Anna baronne Elnitz,
n'a eu qu'un fils, né en 1815.

Ce dernier, Bruno, a suivi la carrière des armes, il s'est toujours distingué, il est chevalier de l'ordre de Marie-Thérèse [1] et général en retraite à Gratz (Styrie). Il a épousé, en 1859, Thérèse Rajakowicz, qui est décédée, en 1862, sans lui laisser d'enfant.

Charles de Montluisant, officier au 22e d'infanterie a fait plusieurs voyages en Autriche, il a été reçu chaque fois par notre parent, le général baron de Montluisant.

[1] Le Brevet officiel porte « 29 août 1866, en considération de l'acte de bravoure particulier exécuté le 21 juillet dans le Val Ledro, par le colonel Bruno, baron de Montluisant, commandant le régiment des chasseurs tyroliens, nous le créons chevalier de notre ordre militaire de Marie-Thérèse. Signé François-Joseph. »

UNE SEIGNEURIE DE MONTLUISANT

Une seigneurie de Montluisant, Chazelles et Bassignac existait en Auvergne sur les confins du Bourbonnais.

Nous en avons trouvé tous les titres aux archives du royaume $\begin{vmatrix} T \\ 1150 \\ 1.2.3 \end{vmatrix}$

— En 1558, cette terre seigneuriale est achetée par noble Jehan de Benevant, seigneur de Mortz et Chazelles.

— Le 1er juin 1570, le seigneur du dit lieu épouse Philippine de la Rochebriand.

— Le 30 décembre 1625, Isabeau d'Aubigny cède quelques terres de Bassignac à Alexandre du Belier, escuyer, seigneur de Montluisant.

— Le 27 août 1645, noble Gillar de Guillebon achète la terre de Montluisant.

— Le 27 octobre 1656, le sieur Guillebon et sa femme vendent les seigneuries de Montluisant et Chazelles au conseiller Noellas, de la cour des aides de Clermont-Ferrand, pour la somme de 68.700 livres.

— Le 30 août 1669, Noellas, seigneur de Montluisant, régularise foy et hommage au Roy.

— Le 13 octobre 1669, foi et hommage à la duchesse de Montpensier.

— Le 4 février 1722, noble Noellas, seigneur de Montluisant, Chazelles et Bassignac, rend foi et hommage au duc d'Orléans, « pour toute la « seigneurie de Montluisant, château, chapelle, grange, ferme et « colombier, avec garenne d'arbres de haute futaie, pêcheries, vigne, « des terres confinant le grand chemin allant de Charmes à Leonne « paroisse de Charmes. »

— Le 10 mai 1754, Nicolas Guillaume, seigneur de Montluisant, en son nom et au nom de sa femme donne le dénombrement de ses terres.

— Le 2 juillet 1766, la seigneurie passe dans la postérité des femmes.
-- Le 6 novembre 1772, Madame de Montluisant possédait le n° 4 de la rue des Jeûneurs, à Paris. Ils semblent tous disparaître à la grande Révolution.

Cette famille était parente aux Montluisant de Chartres, car dans les minutes originales de d'Hozier on trouve dans le volume d'Auvergne, n° 16, page 455, qu'Amable Noellas, seigneur de Montluisant, avait les mêmes armes que ceux de Chartres.

Nous n'avons pas pu retrouver trace d'une filiation réelle.

Ce château de Montluisant, avec la terre de ce nom, appartient aujourd'hui à Madame la baronne de Vaissière. Sa mère, Madame V. Raymond de Tamtal, née de Sarrazin, en a la jouissance. Cette famille habite l'hiver Clermont-Ferrand (1891).

FAMILLE LAGUETTE

(BARONS D'HEYRIAT ET DE MORNAY)

A famille de Laguette est originaire du village du Roule (Isle de France). Au commencement du xviie siècle, au moment des troubles de Paris, cette famille fut décimée. Plusieurs fils furent tués dans les armées au service du roi et deux enfants qui restaient suivirent leurs parents qui vinrent se fixer à Cerdon en Bugey.

L'aîné des Laguette, après avoir servi à son tour et assisté au siège de Crémone, se retira en 1655. L'autre, François, né le 4 mars 1631, épousa le 27 janvier 1655, Marie Bruny, domiciliée à Cerdon. Il devint notaire royal de cette ville et aussi curial de Cerdon et autres lieux, c'est-à-dire administrateur des biens de la communauté et des paroisses. Il fut chargé de plusieurs fonctions et offices qui, par suite des édits de 1615, etc., etc., conféraient la noblesse.

Plusieurs Laguette furent prêtres. Le plus connu est Barthelemy qui devint abbé du célèbre monastère de Clairmarais près St-Omer, dans l'Artois.

Un des descendants de cette famille, héritier direct des précédents, Escuyer, conseiller-secrétaire du roi, maison et couronne de France, acheta pour 90.000 livres le 11 décembre 1748, du comte de Menthon, la terre et baronnie d'Heyriat et de Mornay.

Après avoir régularisé l'hommage, il devint Laguette baron d'Heyriat et de Mornay, et son cadet prit le nom de chevalier Laguette de Vernom, du nom d'un petit fief dépendant d'Heyriat.

Leurs descendants furent en évidence. L'un fut mousquetaire de Louis XV, un autre colonel du régiment de Bresse.

Un des enfants, **garde** du corps sous Louis XV, épousa Joséphine de Monthoux qui lui donna :

— Emilie, qui devint comtesse de Seyssel.
— Emilien, officier du génie tué en 1807 au combat du pont d'Amaranthe en Espagne.
— Eugène, qui après avoir été promu capitaine dans l'artillerie à cheval de la garde impériale, eut le bras droit enlevé pendant la bataille de Wagram. Retraité et rentré dans ses foyers, il devint député de l'Ain. Il épousa Esther Fauvin qui lui donna quatre enfants, deux fils et deux filles.

7

L'aîné des fils, le seul qui ait survécu aujourd'hui, le baron Jules de Laguette de Mornay, a épousé, en 1848, Edmée de Montluisant.

Ils n'ont conservé qu'une fille, Valentine, qui a épousé, en 1887, Paul de Billy.

Les armes des Mornay portent d'or à l'aigle de sable, au chef d'azur chargé d'un soleil d'or.

FAMILLE
DES BARONS LAGUETTE
DE MORNAY

François DE LAGUETTE, 1613 +, épouse Marie de Bruny, en 1655

Jacques de Laguette, 1655 +, épouse en 1686 Félicité du Port, née 1659 +

Barthélémy de Laguette, moine Bénédictin, + 1758, 55e abbé de Clermarais, de 1736 à 1758.

Pierre-Antoine de Laguette, 1689 + 1751, Baron d'Heyriat et de Mornay, épouse Philiberte Bouvier, 1698 +

Jean-Pierre-Emmanuel Laguette, Baron d'Heyriat et de Mornay.

François-Joseph de Laguette, baron d'Heyriat et de Mornay, épouse Marie-Joséphine de Monthoux.

Paul-Antoine Laguette de Vernon, + vers 1795.

Emilie, épouse le comte de Seyssel Sothonod.

Émilien + 1809.

Eugène-Amédée-Jules-Frédéric, baron de Mornay, 1780+1845, épouse en 1816 Esther Fauvin + 1871.

Lucie, 1817 + 1865, épouse Alphonse Sauzet de Fabrias

Jules de Laguette, baron de Mornay, 1819 + , épouse en 1847 Edmée de Montluisant, 1825 +

Adolphe + 1846.

Esther, épouse en + 1860, Amédée Charrin, née en 1805 +

Adolphe 1848 + 1868.

Valentine, épouse en 1888, Paul de Billy.

Elisabeth de Billy, 1889 +

ALLIANCE DES MORNAY ET DES MONTHOUX DE SAVOIE

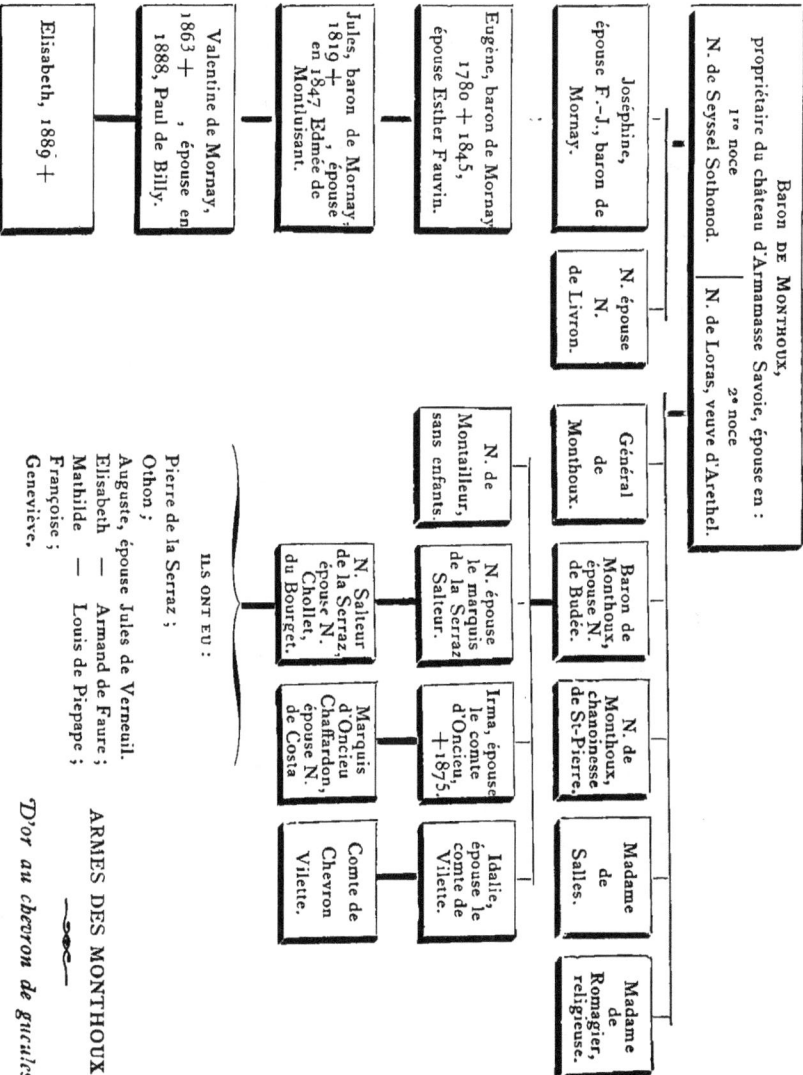

Baron de Monthoux, propriétaire du château d'Armamasse Savoie, épouse en :

1re noce	2e noce
N. de Seyssel Sothonod.	N. de Loras, veuve d'Arethel.

Joséphine, épouse F.-J., baron de Mornay.

N. épouse N. de Livron.

Eugène, baron de Mornay, 1780 + 1845, épouse Esther Fauvin.

Général de Monthoux.

Jules, baron de Mornay, 1819 + en 1847, épouse Edmée de Montluisant.

N. de Montailleur, sans enfants.

Baron de Monthoux, épouse N. de Budée.

N. de Monthoux, chanoinesse de St-Pierre.

Madame de Salles.

Madame de Romagier, religieuse.

Valentine de Mornay, 1863 + , épouse en 1888, Paul de Billy.

N. épouse le marquis de la Serraz Salteur.

Irma, épouse le comte d'Oncieu, +1875.

Idalie, épouse le comte de Vilette.

Elisabeth, 1889 +

N. Salteur de la Serraz, épouse N. Chollet, du Bourget.

Marquis d'Oncieu Chaffardon, épouse N. de Costa.

Comte de Chevron Vilette.

ILS ONT EU :

Pierre de la Serraz ;
Othon ;
Auguste, épouse Jules de Verneuil.
Elisabeth — Armand de Faure ;
Mathilde — Louis de Piepape ;
Françoise ;
Geneviève.

ARMES DES MONTHOUX

D'or au chevron de gueules.

FAMILLE FAUVIN

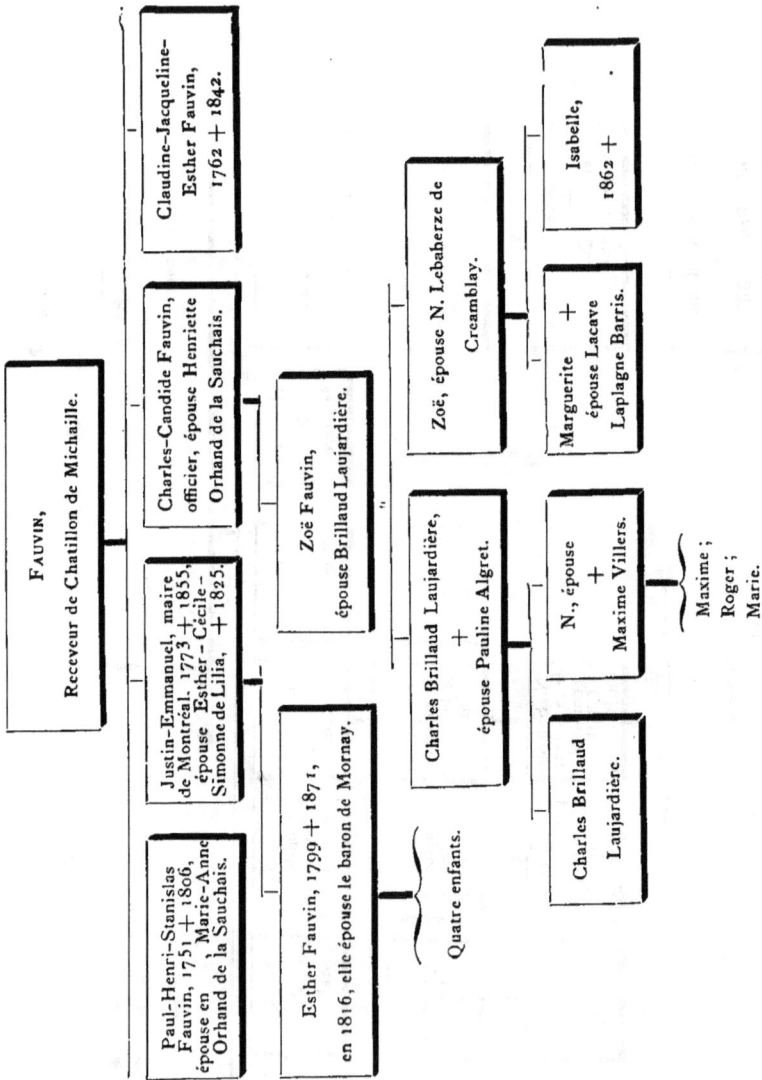

FAUVIN,
Receveur de Chatillon de Michaille.

Claudine-Jacqueline-Esther Fauvin,
1762 + 1842.

Charles-Candide Fauvin,
officier, épouse Henriette
Orhand de la Sauchais.

Justin-Emmanuel, maire
de Montréal, 1773 + 1855,
épouse Esther - Cécile -
Simonne de Lilia, + 1825.

Paul-Henri-Stanislas
Fauvin, 1751 + 1806,
épouse en , Marie-Anne
Orhand de la Sauchais.

Zoë Fauvin,
épouse Brillaud Laujardière.

Esther Fauvin, 1799 + 1871,
en 1816, elle épouse le baron de Mornay.

Quatre enfants.

Zoë, épouse N. Lebaherze de
Creamblay.

Charles Brillaud Laujardière,
+
épouse Pauline Algret.

Isabelle,
1862 +

Marguerite +
épouse Lacave
Laplagne Barris.

N., épouse
+
Maxime Villers.

Charles Brillaud
Laujardière.

Maxime ;
Roger ;
Marie.

FAMILLE DE MONT DE BENQUE. — BARONS DE BENQUE.

Odoart de Mont........................vivant en..	1294
Bernard I de Mont..................... — ..	1350
Bernard II de Mont.................... — ..	1378
Bernard III de Mont................... — ..	1418
Manault de Mont...................... — ..	1478
Odoart II de Mont.................... — ..	1491
Bernard IV de Mont.................. — ..	1502

Louis de Mont .... vivant en...	1555
Jean-Antoine de Mont.............. — ...	1574
Antoine de Mont.................. — ...	1611
Armand-Guilhem de Mont........... — ...	1646
Antoine de Mont, 1686+1703, au château d'Éoux en Comminges.	
Jean de Mont, 1671+1737.	
Jean-François de Mont, né 1707, achète en 1750 la Baronnie de Benque ....mort en...	1778

Joseph-Bernard-Élisabeth de Mont, seigneur d'Éoux baron de Benque né 1736+1803

épouse en 1774, Marguerite de Comminges, + 1777.

en 2ᵉ noce, en 1785, Marie-Louise-Flore de Bernard de Marigny

Jean-Bernard-Joseph de Mont, baron de Mont d'Éoux, 1777+1828.

Augustin-Louis-Joseph de Mont de Benque, 1787 + 1854. Marié en 1817 à Joséphine Desantis.

Armand de Mont de Benque 1791 + 1812.

Monique, née 1793 mariée en 1812, au baron de St-Pol-Lias

Léopold, baron de Mont d'Éoux, né 1806, marié à Adèle Dispan de Floran. mort en 1874.

Gabriel-Honoré-Cyrille de Mont de Benque, né en 1821, marié en 1854 à Mathilde Dispan de Floran.

Henri, né en 1831, colonel de cavalerie.

Gustave baron de Mont d'Éoux, né 1836, marié en 1887, à Sophie de Mar:aine sans enfants.

Joseph, né en 1855, marié en 1889, à Jeanne de Surville.

Marie, née en 1857, mariée en 1876 à Georges Dutfoy.

Bernard, né en 1859 + 1890. Marié en 1887 à Marie de Montluisant.

Marguerite.

Jeanne. Henry. Renée.

Germaine, 1889

Germaine.

Marguerite-Marie.

FAMILLE DE MONT-DE-BENQUE

LA maison de Mont est une des plus anciennes du comté d'Armagnac, où étaient situés les châteaux et seigneuries : de Mont, Lartigue, Gellenave, l'Ichot, le Blanin, Marcotte, etc., qu'elle a longtemps et successivement possédés et dont les noms ont servi à distinguer ses différentes branches.

En 1686, Antoine de Mont, seigneur de *Lartigue* et du *Blanin*, chef du nom et des armes, vint se fixer dans le comté de Comminges, par suite de son mariage avec Marguerite de Gives d'Eoux ; et leur petit fils, Jean-François de Mont, seigneur d'Eoux, y acheta la terre et baronie de Benque, dont les propriétaires portaient le titre de baron.

Cette branche est aujourd'hui subdivisée elle même en deux rameaux, dont l'un est connu sous le nom de

Mont d'Eoux et porte le titre de baron; l'autre branche est celle des de Mont de Benque.

La maison de Mont a toujours tenu un rang distingué dans sa province par ses services et par les alliances qu'elle a contractées avec les meilleures familles du pays, entre autres, avec celles : d'Antin, de Pouydraguin, de Sentis, de Cugnac, d'Encausse, de Labatut, de Marigny, de Comminges, de Coussol, Dispan de Floran, d'Esparbés, de Luppé, de Medrano, de Montant-Benac, de Podenas, de Saint-Pol, de Verdelin, de Vergès, etc., etc.

Leurs armes portent : d'azur à trois monts d'or, avec deux anges pour support.

FAMILLE DE GONIN

E nom est écrit dans les papiers et archives de famille : Gonin, Gonyn, Gounin, etc. Nous avons conservé partout celui de Gonin.

La famille est dauphinoise. En 1416, un Gonyn de La Chapelle servait sous les ordres d'Hugo de Commiers -- En 1418, Gonin-Gale et Gonin de Bocsozel faisaient partie des hommes d'armes d'Antoine de Grolée.

— En 1424, Amé de Clavaison avait dans sa compagnie Gormon-Gonyn.

— Le 16 juillet 1465, parmi les Escuyers dauphinois qui furent tués à la bataille de Montlhéry, on trouve deux Gonin, Laure Gonin et Gonin de Briançon [1].

---

[1] Tous les Gonins qui précèdent sont cités dans les Monstres et revues des capitaines dauphinois. Ouvrage publié par M. J. Romans, Allier 1888. Grenoble.

Un membre de cette famille, Louis Gonin, volontaire dans les dragons royaux, compagnie de Collard, assista, sous les ordres du maréchal de Saxe, aux batailles de Fontenoy 1745, de Raucoux 1746, de Lawfeld 1747. Il mourut à Grenoble des suites des fatigues de la guerre.

— En 1652, on fit à Montélimar la répartition de toutes les dettes de la communauté entre tous les habitants, au prorata de leurs biens. Voici quelques-unes des cotes conservées[1]. Le capitaine de Gonin y figure pour 1079 livres :

Jacques Bautheac....................	2531 livres.
Michel Claveyson...................	432 —
Scipion Ripert du Devès.............	2725 —
Jean de Joffre......................	966 —
Antoine Josserand...................	330 —
Capitaine Jean de Gonin.............	1079 —
Antoine Guinet.....................	686 —
Seigneur d'Espenel.................	262 —
Jacques de Tholon, seigneur de la Laupie.	635 —
Françoise de Monts.................	1123 —
Louis de Pellapra	1547 —
Aymard de Saint-Ferréol de la Mure	1907 —
Charles de Vesc....................	444 —
Alexandre de Vesc, seigneur d'Espeluche.	706 —
Etc., etc.	

— En 1703, un Gonin fut premier consul de la ville de Montélimar.

---

[1] Histoire de Montélimar, 3e vol., par le baron de Coston.

On retrouve leurs armes dans les recueils originaux de d'Hozier conservés à la bibliothèque nationale à Paris :

D'azur chargé d'un chevron d'or avec deux étoiles d'or en chef et une levrette d'argent en pointe.

La famille de Gonin est alliée aux Odouard, aux *Sablières*, aux *Aimé*, Veyrenc, de la Baume de Ruty, Chabrier de Taulignan, Bonnefoy, Fontaines de Logères, etc., etc.

FAMILLE VARENARD DE BILLY

ᴮARTHELEMY Varenard possédait en 1482, la terre des Basty ou des Billy près Beaujeu (Rhône). Cette terre a toujours été possédée par les chefs successifs de cette famille.

En 1690, le père de Dominique Varenard de Billy (1690-1773) fit enregistrer ses armes : *de sable au chevron d'or, accompagné en chef de deux étoiles d'argent et en pointe d'un agneau passant du même.*

8

VARENARD DE BILLY

Dominique VARENARD DE BILLY, 1090 + 1775, épouse en 1730, Catherine Brac.

François Varenard de Billy, 1732 + 1817, épouse en , Elisabeth Clapeyron, +1816.

Nicolas V. de B. 1735 +

François V. de B. 1735 + 1743.

Marie-Anne V. de B. 1764+1848, épouse Antoine Germain.

Antoine, 1766 + 1792, chanoine.

Jean-Louis, 1767+1851, épouse Marguerite de Cambefort de Moncan. | Fulvie Berger du Sablon.

Elisabeth 1769 + 1770

Nicolas A., V. de Billy du Saule.

Jeanne Zoë +1851.

Amélie V. de B., 1819 + 1851, épouse en 1836, Joseph de Luvigne.

Claudin-Alexis, V. de Billy, 1823 + , épouse en 1850, Adèle Dervieu de Goiffieu.

François-Marie-Louis V. de Billy, 1826 + , épouse Elisabeth de Mau-blanc de Chiseuil, + 1865. | Eulalie Deschamps de Bréche.

N. Alice, épouse le comte de Menton d'Awiernoz.

Hélène, épouse le comte Champs de Bréchard.

N... épouse Joseph de Rosny.

Henri, 1857+ officier de cavalerie, épouse en 1885, Suzanne Péricaud.

François-M.-Paul, 1859 + épouse en 1888, Valentine de Mornay.

Charles, 1862+ officier d'infanterie, épouse en 1891 ...... de Provenchères

Alphonse 1864+ ingénieur.

Elisabeth Varenard de Billy, 1889 +

FAMILLE DE MILLOT

ETTE famille est originaire de la Franche-Comté.

— Claude-Valentin de Millot était, en 1697, commissaire des poudres et salpêtres au Pays Messin.

— L'habile chirurgien de ce nom, né en 1738 à Dijon, devint membre de l'Académie royale de médecine, le 30 décembre 1771.

— Claude-Xavier de Millot, l'historien, né le 5 mars 1726 à Ornans, est mort à Paris en 1785.

FAMILLE DE LA VERGNE

AMILLE Alsacienne-Lorraine.

Antoine de La Vergne, docteur de la Faculté de théologie de Paris, fut primicier de la cathédrale de Metz où il fut inhumé le 9 décembre 1748. Son tombeau existait avant la grande révolution. L'épitaphe nous a été conservée, elle portait les armes suivantes[1] : *d'argent, au chef de gueules, chargé de trois coquilles d'argent.*

Cette famille est alliée aux d'Huart, de Faultrier, de Beccary, etc., etc.

— En 1509, Jehan de la Vergne servait dans la compagnie Jacques de Lay; on le retrouve[2], en 1523, sous les ordres de Pierre Terrail de Bayard.

---

[1] Histoire de la Cathédrale de Metz, par Bégin, 2e vol., pages 43, 122, et 464.

[2] Monstres et revues des capitaines dauphinois, publiées par J. Romans, Grenoble 1888.

8.

FAMILLE DE BAUDOT

A famille de Baudot est originaire de la Bourgogne.

— François de Baudot, né en 1638 à Dijon, fut un antiquaire distingué. Il mourut le 4 avril 1711 et a laissé plusieurs ouvrages.

— Louis de Baudot était, en 1711, conseiller du roi, receveur général des amendes de la cour des aides.

— Auguste-Nicolas de Baudot, né en 1765, devint aide de camp de Moreau et de Kléber ; il mourut général, le 21 mars 1801, devant Alexandrie, à l'âge de 36 ans.

— Pierre-Louis de Baudot, né à Dijon, le 21 février 1760, fut un numismate distingué, etc., etc.

FAMILLE

DOMINIQUE TOUT LE MONDE

Dominique, surnommé Tout le Monde, était maître poudrier du roi et de la ville de Metz. Il mourut avant 1640 et sa veuve épousa Esprit G. de Montluisant.

— René, fils de Dominique, succéda à son père et mourut le 13 décembre 1666.

Ils avaient pour armes :

Ecartelé : au premier, de gueules au pot d'artifice d'or ; au deuxième, d'azur à la comète d'or ; au troisième, d'azur au tonneau flambant d'or ; au quatrième, de gueules au pot d'artifice d'or éclatant de six étoiles de même ; à un écu de gueules chargé, en chef de deux étoiles d'or, en cœur d'un monde de même et en pointe d'un bouquet de roses aussi d'or, l'écu brochant sur l'écartelé.

La famille de Dominique *Tout le Monde* faisait partie des vieilles familles échevines de Metz, dont les noms ont été conservés. En voici quelques-unes que nous avons retrouvées dans le vocabulaire austrasien publié par Jean-François, à Metz, chez Collignon 1773. Un exemplaire de cet ouvrage existe à la bibliothèque nationale de Paris *X. 1433. A* et *13.669.*

Goubert de la Poterne, échevin de Metz en 1211.
Thiebault de Port-Sailly, 1224.
Ancel, Le Sauvage, 1226.
Hue, le Bègue, 1229.
Jean, Bellebarbe, 1242.
Mathieu, Le Mercier, 1251.
Nicolas, Brûle-Vache, 1253.
Thiery, Brixe-Pain, 1266.
Pierre, Grasse-Chair, 1281.
Philippe, Gros-Nez, 1291.
Requin, Le Borgne, 1307.
Gille, Trébuchet, 1311.
Baudavin, Froide-Viande, 1337.
Willaume, Le Hungre, 1347.
Jeoffroy, Cœur-de-Fer, 1371.
Jeoffroy, Le Chevalier, 1450.
Adrien, de Bonne Foi, 1640.
Philémon, l'Espingelle, (beau-père de François de Fabert, frère du Maréchal, 1625, etc., etc.

FAMILLE DU GÉNÉRAL
BARON COLAUD DE LA SALCETTE

Les traditions de famille nous apprennent que les Alloys existaient dans le Briançonnais depuis les temps les plus reculés. Ils étaient seigneurs de La Salcette, du nom d'une terre qui leur appartenait, près d'Oulx, petite ville des Alpes au débouché oriental du mont Genèvre.

Lorsque le dauphin Humbert II acquit par rachat, en 1332, la plus grande partie de la seigneurie de Névache, et par échange en 1333, celle de Bardonnèche, il devint seul suzerain du Briançonnais et fit faire le dénombrement de ses vassaux. L'original de ce relevé

9

détaillé des familles nobles a été conservé et il porte la date du 28 mai 1339. [1] Trois Alloys y figurent. Les relations avec le bas Dauphiné étaient incessantes; cette famille se perpétua des deux côtés des Alpes, et elle donna naissance à quatre branches que nous allons rapidement indiquer :

1ʳᵉ Branche :

La fille-aînée N. Alloys épousa *Constant Bonnot,* d'ou viennent les alliances avec les *de Reynier de Jarjayes;* les *Bonnot;* les *de Loulle; Michelet; d'Eymard de Beyle;* les abbés *de Mably* et *de Condillac;* les *de Fontbelle; Charbonnel; Fantin Latour; Brunet de l'Argentière,* etc., etc.

2ᵉ Branche :

Jean Alloys fut receveur des tailles à Grenoble. Parmi ses descendants et alliés on trouve les deux présidents Alloïs, du Parlement du Dauphiné; les *Dupuy de St-Vincent;* les *Corbeau de St-Albin;* les marquis *d'Herculais;* les *de Vaulserres,* etc., etc.

3ᵉ Branche :

N. Alloïs qui continua à habiter Salvoux, eut deux

---

[1] Bibliothèque nationale, inventaire des archives de la Chambre des comptes de Grenoble, registre du Briançonnais, folio 290.

fils qui restèrent célibataires et deux filles qui épou-
sèrent :

— La première, N. Juget d'Oulx qui se retrouve dans
les familles Michelet: Perron de Fenestrelle; Bonnot, etc.

— La seconde, un Colaud qui lui apporta la terre
de La Salcette ; leur union donna naissance aux
Colaud de la Salcette qui se perpétuèrent en ligne
directe et dans deux rameaux latéraux, les *Vaufre-*
land et les *Ventavons*.

4ᵉ Branche :

N. Alloïs épousa N. de la Coste et lui donna trois
enfants :

— L'aîné resta à Exilles.

— Le second, Jean de la Coste, devint conseiller au
Parlement et eut six enfants et des alliés parmi
lesquels figurent : deux *de la Coste* qui furent présidents au Parlement du Dauphiné; les de Pina;
les Bouqueron ; les de Chaleon; les de la Ver-
rière, etc.

— Le troisième, Jean-François de la Coste, devint receveur des tailles à Montélimar et eut quatre enfants
dont la postérité est nombreuse. On y remarque
des lieutenants-généraux, des préfets, des conseillers
d'Etat, et des alliances avec les *Baujeau-Quiquerau;*

les *Monnier ;* les *Le Rebours ;* les *Ferri-Pisani,* etc., etc.

Nous n'avons pas l'intention d'entrer dans de longs détails sur ces différentes branches. Nous nous contenterons de donner les tableaux généalogiques, dressés au siècle dernier par nos auteurs, et nous nous bornerons à étudier avec soin la branche des Colaud de la Salcette dont nous faisons partie.

I. — N. ALLOYS

II. — N. ALLOIS (habitant Salvoux)

III

ANTOINE COLAUD DE LA SALCETTE

u commencement du xviiie siècle, les Colaud étaient assez nombreux dans le Briançonnais, ils dérivaient d'un Colaud qui possédait un petit territoire, assez connu à l'ouest de Briançon, qu'on appelle encore aujourd'hui : le quartier Colaud, le clos Colaud.

Le notaire Antoine Colaud, dont l'étude était à Briançon, devint, par son mariage avec N. Alloïs de la

Salcette, *Coland, seigneur de la Salcette*. Il laissa trois fils.

— *Joseph* qui suit.

— Claude-Sylvestre.

— Claude.

Le dernier, Claude, se transporta vers 1745 à Bastia et y fit souche. Son fils aîné, né le 11 décembre 1754, très énergique et patriote, traversa le collège de la Ciotat et s'engagea à 17 ans dans le régiment des dragons du roi. Il servit aux armées pendant les guerres de la Révolution et de l'Empire, devint général de division, comte, sénateur et pair de France; il est mort[1] le 3 décembre 1819 sans postérité.

[1] Son éloge a été prononcé à la Chambre des pairs, le 31 juillet 1820, par M. le comte de Valence.

IV

JOSEPH COLAUD DE LA SALCETTE

OSEPH Colaud de la Salcette, fils d'Antoine Colaud et de N. Alloïs de la Salcette, devint conseiller du roi, assesseur au bailliage de Briançon, puis receveur général des domaines en Dauphiné. Il épousa Marianne Agnès de Geneys, d'une ancienne famille dauphinoise. Ils eurent six enfants.

1. — *Jeanne* qui épousa Nicolas de Salzard, puis J.-François-Augustin de Mouhairon.

2. — *Elisabeth* qui fut supérieure des Ursulines de Briançon.

3. — *Jacques Bernardin* qui fut abbé chanoine de Die,

député à l'assemblée de Romans et aux Etats généraux, plus tard à la Convention et aux Cinq cents.

4. — *Claude* qui fut grand vicaire d'Embrun et en 1815
préfet de l'Isère par intérim.

5. — *Antoine-François* qui continuera la filiation.

6. — *Marie-Madeleine* qui épousa N. Benoit Chapin,
receveur des douanes à Briançon.

V

ANTOINE-FRANÇOIS COLAUD
DE LA SALCETTE

Ntoine-François Colaud de la Salcette, fils de Joseph Colaud de la Salcette et de Marianne-Agnès de Geneys, devint premier avocat général au Parlement du Dauphiné. Il acheta le 15 septembre 1766 la seigneurie de Commiers, et en 1770 celle de St-Georges-val-de-Commiers [1]. Il épousa *Marie Bonnet de Lachal* qui lui donna deux fils et une fille.

[1] Près de Grenoble sur les bords du Drac.

10

L'aîné, *Joseph-Louis-Claude*, d'abord conseiller au Parlement de Grenoble, devint préfet et député du département de la Creuse, sous l'Empire. Né le 29 décembre 1758 il est décédé le 4 août 1832.

Il avait épousé Marie-Françoise de Virieu-Taverges qui ne lui donna pas d'enfants. Son père étant mort peu de temps avant l'établissement des nouvelles lois civiles, il hérita de toute la fortune de la famille et de la Seigneurie de Saint-Georges-de-Commiers.

— Le second fils Jean-Jacques-Bernardin suivra.

— Le troisième enfant *Marie-Madeleine-Eléonore* épousa Jean-Louis-François de Cressy, vibailly d'Embrun. Ils ne laissèrent que deux filles. L'aînée *Marguerite Emilie* devint la femme de Gaspard Alloïs Edouard Tournu de Ventavon, conseiller au Parlement, et lui donna deux fils et une fille. La cadette *Pauline* épousa le général Piscatory, vicomte de Vaufreland, et lui donna deux fils.

VI

JEAN-JACQUES-BERNARDIN COLAUD
DE LA SALCETTE

JEAN-JACQUES-BERNARDIN Colaud de la Salcette reçut en naissant le nom de
Commiers. Il prit part aux grandes et
nombreuses guerres de la Révolution dans
les Alpes et en Italie. Il devint gouverneur du Hanovre
et de Rome, fut créé baron et lieutenant général. Né le
6 mai 1759, il est mort en retraite à Grenoble, le 3 septembre 1834. Il avait épousé en 1798, pendant qu'il
commandait dans les îles Ioniennes, mademoiselle
Mathilde Spiridion Quartano, d'une ancienne famille
des gouverneurs de Corfou pour Venise.

Le général baron Colaud de la Salcette a laissé
cinq enfants.

10.

— Caroline qui épousa Charles-Laurent-Joseph de Montluisant.

— Joséphine qui a épousé, en première noce, Travers de Beauvers, conseiller à la Cour de Cassation et en deuxième noce le marquis de Tillières.

— Elisa qui est devenue Madame Benjamin Dausse.

— Mathilde qui est devenue Madame Charles Teisseire.

— Léonce qui a épousé Louise Flury et qui continue la filiation.

VI

LÉONCE

BARON COLAUD DE LA SALCETTE

é à Grenoble en 1815, il débuta dans le ressort de la cour d'Orléans, comme substitut aux tribunaux de Gien et de Tours. Passé avec le même titre au tribunal de Grenoble, il fut ensuite élevé au parquet de la Cour.

Promu en 1850 aux fonctions de substitut du procureur général, il les exerça pendant trois ans, eu des temps difficiles et de pénibles labeurs. Avocat général en 1853, il fut enlevé en 1854, à 38 ans, par une fièvre aiguë au moment où, entouré de l'estime et de l'affection générale, tout semblait lui sourire.

Il avait épousé Louise Flury qui lui a donné deux fils. Un seul enfant, Paul, a survécu et représente la ligne directe de la famille.

VIII

PAUL

BARON COLAUD DE LA SALCETTE

Paul, fils du baron Léonce Colaud de la Salcette et de Louise Flury est né en 1851. Il a fait ses études à Grenoble et a suivi la carrière de son père ; il est aujourd'hui (1891) avocat général à la Cour d'appel d'Alger.

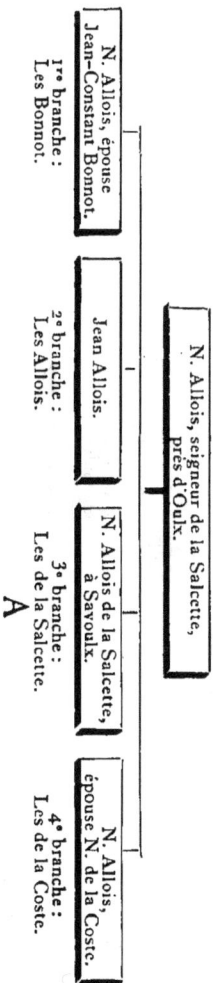

TABLEAU A.

BRANCHE DES COLAUD DE LA SALCETTE

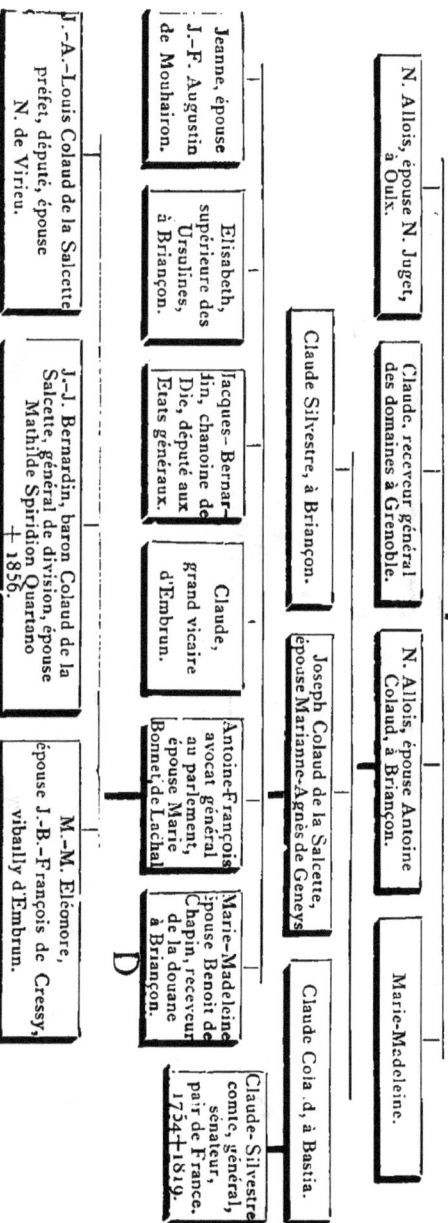

N. Allois, seigneur de la Salcette, près d'Oulx.

A

- 1re branche : Les Bonnot. — N. Allois, épouse Jean—Constant Bonnot.
- 2e branche : Les Allois. — Jean Allois.
- 3e branche : Les de la Salcette. — N. Allois de la Salcette, à Savoulx.
- 4e branche : Les de la Coste. — N. Allois, épouse N. de la Coste.

N. Allois, épouse N. Juget, à Oulx.

Claude, receveur général des domaines à Grenoble.

N. Allois, épouse Antoine Colaud, à Briançon.

Allois, seigneur de la Salcette, à Savoulx.

Claude Silvestre, à Briançon.

Joseph Colaud de la Salcette, épouse Marianne-Agnès de Geneys.

Claude Cola.d, à Bastia.

Marie-Madeleine.

Jeanne, épouse J.-F. Augustin de Mouhairon.

Elisabeth, supérieure des Ursulines, à Briançon.

Jacques-Bernardin, chanoine de Die, député aux Etats généraux.

Claude, grand vicaire d'Embrun.

Antoine-François, avocat général au parlement, épouse Marie Bonnet de Lachal.

Marie-Madeleine, épouse Benoît de Chapin, receveur de la douane à Briançon.

J.-A.-Louis Colaud de la Salcette, préfet, député, épouse N. de Virieu.

J.-J. Bernardin, baron Colaud de la Salcette, général de division, épouse Mathilde Spiridion Quartano † 1856.

M.-M. Eléonore, épouse J.-B.-François de Cressy, vibailly d'Embrun.

Claude-Silvestre, comte, général, sénateur, pair de France, 1754 † 1819.

B **C** **D**

II

Caroline, 1799†, épouse en 1818 Charles-L.-Joseph de Montluisant, 1782†1859.	Josephine, épouse N.-T.† de Beauvers puis N. marquis de Tillières.

Elisa, épouse B. Dausse, †1890.	Mathilde, épouse Charles Teisseire †

Léonce, bᵒⁿ Colard de la Salcette, 1815†1854, épouse Louise Flury.	Paul, baron Colard de la Salcette, avocat général à Alger. 18 †

TABLEAU C

FAMILLE DE CRESSY

Emilie, religieuse à Montfleury.

Casimir de Ventavon, député et sénateur.

Marguerite-Emilie, épouse Gaspard Tournu de Ventavon.

Marie-Madeleine-Eleonore Colaud de la Salcette, épouse J.-B. François de Cressy Vibailly.

Mathieu de Ventavon, épouse Laure de Reynier de Jarjayes.

Pauline, épouse le général vicomte Piscatory de Vaufreland.

Ludovic, vicomte de Vaufreland.

Georges, baron de Vaufreland.

TABLEAU D

ALLIANCE AVEC LA FAMILLE CHANCEL DE BRIANÇON

Benoit Berthelot.

Anatole Berthelot.

Marie-Madeleine Colaua de la Salcette, épouse Benoit Chapin, receveur des douanes à Briançon.

N. Chapin, épouse Benoit-J.-Berthelot, du Queyras, 1792†1833, vice-président du conseil général des Hautes-Alpes.

N. épouse Evariste Chancel.

N.¹ épouse Marius Chancel.

N. épouse N. Malapeyre.

NOTICE HISTORIQUE

SUR LE GÉNÉRAL DE DIVISION, BARON

JEAN-JACQUES-BERNARDIN
COLAUD DE LA SALCETTE

Jean-Jacques Bernardin, fils de Antoine-François Colaud de la Salcette, premier avocat général au Parlement de Grenoble et de Marie Bonnot de Lachal, vint au monde le 27 décembre 1758.

Cadet de famille, il se destina à la carrière des armes et fut admis au 39e régiment d'infanterie, dit de l'Isle-de-France, commandé par le marquis de Bérenger.

Il fallait pour être reçu au rang de cadet, puis d'officier, produire à cette époque une attestation de noblesse signée au moins par trois gentilshommes. Cette pièce fut produite et elle a été conservée. En voici le texte :

« Nous, gentilshommes de la province de Dau-
« phiné, certifions à tous qu'il appartiendra, que le
« sieur Jean-Jacques Colaud de la Salcette, fils de
« M. de la Salcette, premier avocat général du Parle-
« ment de Grenoble, est noble, et que sa famille est une
« des plus anciennes du Briançonnais, et pour être la
« vérité telle, nous avons signé le présent et y avons
« apposé le sceau de nos armes. A Grenoble, le 19 mai
« 1779. Signé : marquis Bernardin de Saint-Vallier;
« chevalier marquis de Payre ; chevalier marquis
« d'Ornacieux; Montauban, marquis de Bellegarde [1]. »

Promu cadet, puis lieutenant en second en 1785,
lieutenant en 1er le 20 septembre 1788 et lieutenant en
1er aux compagnies d'élites le 15 juin 1789 [2].

En 1790, le jeune officier suivit son régiment aux
colonies, mais il revint en France au bout de quelques
mois.

En juin 1791, lorsque toutes les troupes furent
réorganisées, le jeune de la Salcette reçut le grade de
capitaine (1er juin 1791) et demanda de suite l'autorisation de concourir pour entrer dans le service d'Etat-
major [3]. Admis le 16 février 1792, il fut classé aide de
camp du général Th. Lameth et, après l'arrestation du

---

[1] [2] [3] Archives du ministère de la guerre, dossier du général de division de
la Salcette.

11.

général, le 10 mars 1792, fut désigné pour servir auprès du général Menou, commandant le camp formé sous les murs de Paris [1].

Le 15 septembre 1792, lorsque La Salcette vit son nouveau général traduit devant le comité de salut public et arrêté, il risqua sa tête et révolté par tout ce qui se passait à l'intérieur, il donna le même jour (15 septembre 1792) [2] sa démission et se retira dans ses foyers à Grenoble.

Il assista de loin au passage de la Terreur et à la mort de Louis XVI. Mais, quand il vit la France menacée de toute part et la Convention créer 8 armées à l'effectif de 500,000 hommes (20 février 1793), il demanda à marcher à l'ennemi et adressa au ministre la lettre suivante[3] :

« Au Citoyen Ministre de la guerre,

« D'après les services dont j'ai l'honneur de mettre
« l'état sous vos yeux, je crois pouvoir demander une
« place d'adjudant-général à l'armée. Je fais cette
« demande avec d'autant plus de confiance que mes
« études militaires me font espérer d'en remplir les
« fonctions avec quelque utilité pour la République.

---

[1] [2] [3] Archives du ministère de la guerre. Personnel. Dossier du général de la Salcette.

« Si, par des circonstances que je ne puis connaître,
« il n'y avait pas de place d'adjudant-général disponible
« à donner, j'ai l'honneur de vous prier, citoyen ministre,
« de m'assigner, dans une de nos armées, la place et le
« rang que l'ancienneté et la nature de mes études et
« de mes services me mettent dans le cas d'occuper.

« Signé : LA SALCETTE.

« *Paris, l'an* II *de la République, 8 février 1793.* »

La demande fut immédiatement acceptée et La Salcette, réintégré dans les cadres comme adjudant-général,
eut la bonne fortune d'être envoyé à l'armée des Alpes,
sous les ordres d'un de ses anciens chefs, le général
Brunet.

La Salcette arriva pour prendre part à la fusion
des troupes actives, de formations diverses, en une seule
armée homogène et compacte. C'est à ce moment que
les troupes de ligne furent réunies aux volontaires, et
que l'on créa les demi brigades à l'effectif total de 2437
hommes, composées chacune d'un bataillon d'infanterie,
de deux bataillons de volontaires et d'une compagnie
d'artillerie armée de six canons de 4 de campagne.

Le jeune officier trouva les troupes pleines d'ardeur ;
elles venaient, sous la direction de Kellermann, de gagner
le combat de Sospello sur les troupes italiennes

(14 février 1793) et de faire prisonnier leur chef, le major Strasoldo.

Brunet attaqua les Piémontais et les battit, les 8 et 12 juin 1793, à Bruis, au col de la Lignière et aux Fourches. L'adjudant-général de La Salcette s'y distingua par sa bravoure et son initiative et fut nommé chef de brigade sur le champ de bataille[1].

L'armée des Alpes passa l'hiver (1794-1795) sur les positions en face de l'ennemi et le chef de brigade de La Salcette, qui commandait à l'extrême gauche de l'armée d'Italie, aux cols de l'Argentière et de Vars, avec mission de relier Briançon et Mont-Dauphin avec Tournoux et la vallée de la Tinée, eut cruellement à souffrir.

Les moyens de transport étaient insuffisants, les troupes manquaient de tout, et l'abbé Serpeille[2] raconte dans ses mémoires qu'il fut chargé, en qualité de sous-aide magasin, de conduire un convoi de cent mulets chargés de farine aux troupes de l'extrême gauche commandées par La Salcette et entièrement bloquées par les neiges.

---

[1] Nomination faite par le général Brunet, commandant en chef pendant l'absence du général Kellermann mandé par le comité du salut public. *Archives du ministère de la guerre* (Dossier La Salcette).

[2] V. Perrossier, L'ABBÉ SERPEILLE, aumônier de la maison centrale de Poissy. *Bulletin de la Société d'Archéologie de la Drôme.*

Au commencement de l'année 1795, Kellermann, commandant en chef les armées réunies des Alpes et d'Italie, n'avait que 30,000 hommes à opposer à 150.000 austro-sardes, sous les ordres du feld-maréchal Dewins. Mais il n'hésita pas et se porta en avant. Le 25 juin le général Garnier, qui commandait son extrême gauche, enleva après des combats de vive force très meurtriers le poste de Saint-Barnouil et le village del Bagny.

Quelque temps après, l'armée austro-sarde essaya un mouvement offensif qui fut repoussé. Enfin le 24 novembre 1795 le général Scherer, qui venait de remplacer Kellermann, gagna la bataille de Loano qui ouvrait le Milanais.

Ce fut pendant les divers combats des 25 juin, 19 septembre et 24 novembre, que le chef de brigade de La Salcette se fit remarquer par une conduite très brillante devant l'ennemi.

Le général en chef Kellermann le décora le 1er août 1795 du médaillon de deux épées en sautoir, puis, à la suite des attaques de vive force conduites par La Salcette devant Saint-Barnouil, le chef d'Etat-major général de l'armée d'Italie, le général de division Gauthier, lui écrivit le 26 fructidor, an III (12 septembre 1795)[1] :

---

[1] Archives du ministère de la guerre. Personnel. Dossier du général de La Salcette.

« J'ai appris, avec bien du plaisir, mon cher La
« Salcette, les brillants succès qui ont couronnés vos
« entreprises, et je vous en fais mon sincère compli-
« ment. Le général en chef écrit en votre faveur au
« Comité de salut public, qui, je l'espère, rendra justice
« à qui de droit. Le général en chef donne aujourd'hui
« à dîner aux officiers supérieurs que vous avez faits
« prisonniers à Saint-Barnouil. »

Puis, quelques jours après, le général en chef
Scherer, lui annonçant sa nomination au grade de général
de brigade (29 octobre 1795), ajoutait[1] :

« Vous avez mérité cette promotion par les services
« distingués que vous avez continuellement rendus à
« la République et surtout dans la journée glorieuse
« du 2 frimaire où vous avez puissamment concouru
« par vos talents et par votre bravoure au triomphe de
« ses armes. »

Nous ne saurions raconter ici l'histoire militaire
de la Révolution française ; nous nous bornerons à
rappeler : qu'à cette époque la Convention se sépara le
26 octobre 1795, et qu'avec le Directoire commença

[1] Archives du ministère de la guerre, personnel. Dossier du général de
La Salcette.

une nouvelle période active, pleine de combats, de grandeur et de gloire.

Au commencement de l'année 1796, Bonaparte, promu général de division (26 octobre 1795), fit accepter par Carnot son plan de campagne pour l'armée d'Italie et, grâce à son influence et à celle de Barras, reçut le 3 mars 1796, à 26 ans, le commandement en chef de cette armée qu'il devait conduire en dix-neuf mois au traité de Campo Formio.

Pendant cette merveilleuse série de batailles et de combats, la brigade La Salcette fit toujours partie de la division Serrurier. Toujours au feu ; nous allons essayer de faire apprécier son rôle et ses services, en résumant, sous la forme d'un tableau rapide, les événements militaires qui se dérouleront en Italie, du 3 mars 1796 au 17 octobre 1797.

PREMIÈRE LUTTE. — *Attaque de Bonaparte.* — En avril 1796, Bonaparte a devant lui les Austro-Sardes. A sa gauche les troupes Piémontaises sont retranchées dans le camp de Ceva. A la droite, le général autrichien Beaulieu occupe la route de la corniche et les principaux cols. Bonaparte n'a que 30,000 hommes dénués de tout, mais il les réorganise, les électrise et les lance sur l'ennemi.

Il tourne les Alpes. Par une lutte de deux jours,

10

il enlève à Beaulieu les cols de Montenotte (11 et 12 avril 1796); le coupe de Colli qu'il bat à Millesimo; force les retranchements de Dego le 3 avril, et poursuit Colli dans sa retraite sur Turin. Son lieutenant Serrurier est victorieux à Ceva et à Mondovi (21 avril). En quelques jours, Bonaparte impose à Victor-Amédée l'armistice de Cherasco (26 avril) qui est suivi de la paix de Paris (15 mai) consacrant la cession de Nice et de la Savoie à la France, avec l'abandon d'Alexandrie, de Tortone, etc., etc.

Bonaparte se retourne ensuite sur Beaulieu. Il passe le Pô à Plaisance (6 mai), tourne les Autrichiens, les bat à Lodi (11 mai), entre à Milan (15 mai), culbute Beaulieu à Borghetto, le rejette dans le Tyrol (29 mai).

Son lieutenant Massena s'empare de Verone, Bologne, Ferrare, et surveille les Autrichiens pendant que la division Serrurier commence le blocus de Mantoue (18 juillet).

Pour vaincre ce dernier point de résistance, le général en chef fait diriger sur Mantoue l'artillerie conquise et prépare le siège de cette ville, qui sert de refuge à l'élite des impériaux, commandée par le brave et habile général Espagnol Canto-d'Irlès. 180 pièces de siège, 76 mortiers ou obusiers, 60 pièces légères arment les remparts de la forteresse.

L'investissement réalisé par les divisions Lannes,

d'Allemagne et Serrurier, la dernière continue seule le blocus. Elle ferme toutes les issues, s'oppose aux sorties meurtrières du 6 juillet, enlève les ouvrages de Zipata, de Pompanazo, à Belfiore et Montala devant la citadelle.

Le 18 juillet, les Français enlèvent le dernier camp établi à Migliaretto sous la protection des canons de la place. Le chef de brigade Chasseloup trace à 80 toises du rempart l'ouverture de la tranchée, pendant que les batteries de St-Georges, de Pradella et de la Favorite, construites par la brigade La Salcette et armées chacune de 6 pièces de gros calibres et de 6 mortiers commencent le feu contre la place.

Pendant cette brillante journée, les troupes sont admirablement enlevées par les généraux de brigade Davin, Serviez, Miollis et de La Salcette. Des incendies se déclarent et toutes les sorties sont repoussées par les Français qui enlèvent la redoute de Saint-Antoine et ressèrent le blocus.

DEUXIÈME LUTTE. — *Avec les Autrichiens.* — Les Autrichiens se réunissent sous les ordres du maréchal Wurmser et s'avançent au nombre de 70.000 hommes pour reconquérir la Lombardie et débloquer Mantoue.

Bonaparte concentre immédiatement ses troupes, lève le blocus de Mantoue, rappelle la division Serrurier et marche à l'ennemi. Le 1ᵉʳ août, il bat Quassdanowich à Lonato et le sépare de Wurmser, qui est culbuté le 3 août, à la deuxième journée de Lonato, et écrasé le 5 août à Castiglione.

Puis, quand Wurmser fait, le mois suivant, son retour offensif avec 50,000 hommes rassemblés dans le Tyrol, Bonaparte le bat à Reveredo (4 septembre), à Primelano, à Bassano (8 septembre). Enfin il écrase le malheureux Wurmser qui se fraie péniblement un chemin jusqu'à Mantoue où il est renfermé après avoir perdu, le 15 septembre, un nouveau combat entre le faubourg Saint-Georges et la citadelle.

Bonaparte, sans perdre un instant, charge le général Serrurier de reprendre le siège et renforce sa division par celles des généraux Dumas et d'Allemagne. Elles s'établissent sur les positions de *Goito, Prada, San Antonio, la Favorite, Marmirolo, Ceresa, Pradella* et *Chiesa Nova*. La brigade La Salcette à la Favorite.

TROISIÈME LUTTE. — *Avec les Autrichiens*. — L'Autriche fait de nouveaux efforts et le maréchal Alvinzi à la tête de deux corps d'armée et de 60,000 hommes s'avance, repousse les Français, et prend position sur les hauteurs de Caldiero près de Verone. Bonaparte, qui n'a sous la main que 20,000 hommes, tourne l'ennemi et le bat les 14, 15 et 16 janvier à Rivoli. Le 16, il apprend à Castel-Novo que le général Provera a traversé, le 14 janvier, l'Adige vers Anghieri se dirigeant sur Mantoue et il assiste de loin aux succès de ses lieutenants.

Miollis établi devant St-Georges est prêt à résister. La division Serrurier (brigade La Salcette) occupe la Favorite, et la division Dumas surveille et empêche les sorties.

Provera qui a pu combiner, le 15 janvier, avec Wurmser, une double attaque, ouvre le feu, le 16 janvier, à 5 heures du matin, pendant que Wurmser dirige une sortie générale des assiégés contre la Favorite. La brigade La Salcette résiste et repousse les assaillants. La brigade Victor renverse tout ce qui se présente devant elle et force Provera à mettre bas les armes (19 janvier 1797).

Ce fut pendant ce combat acharné de la Favorite, que la 75ᵉ demi-brigade répondit : « *Nous n'avons plus besoin de cartouches, nous avons nos bayonnettes.* » La bataille gagnée, Bonaparte accorde une capitulation honorable au vieux maréchal Wurmser qui rend Mantoue et défile avec son Etat-major devant le général Serrurier (2 février 1797).

Le général Victor fut récompensé par le grade de général de division (10 mars 1797), et le général en chef rendu libre de ses mouvements envahit les états de l'Eglise. En 15 jours il occupa Imola, Forli, Cesena, toute la Romagne. Le 17 février, il arriva à Tolentino, et y signa le traité qui imposait aux Etats de l'Eglise une contribution de guerre de 30 millions, l'abandon du comtat Venaissin, d'Avignon et des trois légations de Bologne, de Ferrare et Ravenne (19 février 1797).

La brigade La Salcette prit part à cette marche rapide. Elle était à Bologne au combat de Senio et elle entre à Ancone le 9 février 1797.

QUATRIÈME LUTTE. — *Avec les Autrichiens.* — L'Autriche essaye une quatrième fois de résister et elle envoie en Italie l'archiduc Charles. Bonaparte est prêt à le recevoir. Il dirige lui-même le mouvement central, passe la Piave, et repousse les impériaux sur le Tagliamento (16 mars), puis sur l'Isonzo, pendant que Joubert franchit le col de Brenner et Massena celui de Tarvis. Enfin la victoire de Neumarck (1er avril) et la prise de Leoben à 30 lieues de Vienne obligent les Autrichiens à signer les préliminaires de paix. (Leoben, 18 avril 1797.)

Il ne reste plus à Bonaparte qu'à châtier le Sénat de Venise, et à venger le massacre des Français à Verone. Il se porte à Verone, Trevise, Padoue, envoie la division Victor occuper la ligne de l'Adige, pendant qu'il s'empare de Venise (12 mai), réunit à la République française les îles Ioniennes, etc., crée la Républi-

que Cisalpine, etc., etc., et signe le traité de Campo-
Formio, le 17 octobre 1797.

La République de Venise détruite, Bonaparte prit
immédiatement possession de l'archipel des îles Ioniennes. Sans se laisser distraire par la discussion du
traité de paix qui dura plus de 6 mois, du 18 avril 1797
au 17 octobre de la même année, le général en chef
rassembla de suite, à Venise, un corps expéditionnaire.

Le contre-amiral Brueys organisa une escadre composée de six vaisseaux et de quelques frégates pour
transporter les troupes qui s'embarquèrent avec leurs
officiers à Malacomo port des Lagunes. Le convoi partit
le 13 juin 1797, arriva à Corfou, le 28 du même mois
et produisit un immense effet. Le général Gentilli
comme gouverneur des îles Ioniennes occupa l'archipel et les dépendances de Terre-Ferme : Preveza,
Vonitza, Parga et Butrinto ; enfin, il partagea tout le
territoire en trois départements, de Corcyre, d'Ithaque
et de la mer Egée, avec deux subdivisions militaires à
Corfou et à Zanthe.

Bonaparte, après avoir signé le traité de Campo-
Formio, le 17 octobre 1797, ne voulut pas quitter son
armée sans préparer l'exécution de ses secrets desseins
sur l'Orient. Il choisit le général de La Salcette pour
une opération secrète, lui donna l'ordre de s'y préparer,

de se rendre à Ancone, et l'envoya ensuite à Corfou. Voici la lettre de service que le général reçut à Ancone avant de s'embarquer :

« 15 brumaire an 5 (5 novembre 1797).

« Bonaparte, général en chef de l'armée d'Italie
au général de La Salcette,

« Quand je vous ai envoyé à Ancone, c'est que
« j'avais l'intention de vous envoyer à Corfou pour des
« opérations qui exigent autant de bravoure que de
« sagesse militaire. Vous avez déjà dû recevoir l'ordre
« de partir. Vous recevrez vos instructions à Corfou.

« Je vous salue,

« BONAPARTE.[1] »

Le général attendit vainement à Corfou des instructions qui n'arrivèrent jamais et il resta par ordre du ministre de la guerre à la disposition du gouverneur, pour commander la 2e subdivision à Zanthe.

Le général baron de Richemont dans ses mémoires[2], raconte que La Salcette « était d'un caractère franc et « loyal, et qu'il possédait toutes les qualités honorables

---

[1] L'original de cette dépêche appartient aujourd'hui au petit-fils du général, le baron Paul de La Salcette, avocat général à la Cour d'appel à Alger.

[2] *Mémoires du général de Richemont*, 1er volume, page 128.

« et tous les agréments d'un homme bien né et bien « élevé ». Il fut apprécié dans la société de Corfou et pendant l'hiver 1797-1798, eut l'occasion de rencontrer dans la famille des anciens gouverneurs de Corfou Mademoiselle Mathilde Spiridion-Quartano, qu'il épousa le 10 mars 1798.

Bonaparte, à son arrivée en Egypte, envoya un aviso à Corfou pour donner l'éveil au gouverneur, mais le général Chabot ne sut ni prévoir, ni surveiller le redoutable Ali, pacha de Janina qui était devant lui.

Ce pacha instruit des intentions de la Porte ottomane avait parfaitement compris que les Russes et les Turcs allaient s'unir pour arracher les sept îles à la France. Il prit les devants et se tint prêt à attaquer.

Le général Chabot surpris par les événements et la destruction de la flotte française à Aboukir (2 août 1798), au lieu de concentrer toutes ses forces pour défendre Corfou, forteresse de premier ordre, résolut de fortifier Preveza, le point de la terre ferme qui lui parut le plus prochainement menacé.

Il arriva sur le terrain où il avait appelé le général de La Salcette et le commandant du génie de Richemont, et ce dernier devenu plus tard officier général, nous a laissé dans ses mémoires le récit de cette reconnaissance militaire.

Le commandant de Richemont, chef du génie, fit

11

observer que devant les 10.000 ou 12.000 hommes que l'ennemi allait mettre en ligne, les 400 hommes dont on disposait n'avaient aucune chance de résistance, ni de succès. Le général de La Salcette fit remarquer aussi au gouverneur, que malgré l'appui de quelques bouches à feu, la cavalerie très nombreuse du pacha percerait facilement la trop longue ligne de défense et que les rares défenseurs, trahis par les gens du pays, seraient certainement dispersés, enveloppés et successivement massacrés.

Le gouverneur ne voulut rien entendre et donna l'ordre de fortifier et de défendre l'isthme situé près de Nicopolis. Il n'y avait plus qu'à obéir.

Le commandant de Richemont se hâta d'établir une ligne de retranchement coupée par deux petites redoutes se flanquant mutuellement. Les travaux de terrassement furent poursuivis avec activité et les redoutes reçurent quelques pièces vénitiennes du calibre de 3.

La déclaration de guerre du grand seigneur eut lieu le 10 septembre 1798 et le 2 brumaire an vii (23 octobre 1798) Ali-Pacha s'avança à la tête de ses troupes.

Le général de La Salcette n'avait auprès de lui que 700 hommes, dont 440 Français. Il établit au bourg de Preveza le capitaine-adjudant major Tissot, avec 5o hommes pour contenir les habitants et garder quelques bateaux réservés pour le cas ou la retraite deviendrait indispensable; il plaça les canonniers dans les redoutes, et confia le commandement de la redoute de droite au chef du génie de Richemont. Enfin, il s'établit au centre de la ligne des retranchements, encore incomplètement ébauchée.

Vers le milieu de la nuit l'avant-garde commença l'attaque, et au point du jour l'armée entière du Pacha, plus de 12.000 hommes commandés par Mouktar prit l'offensive. Deux attaques furent successivement repoussées, mais les Prevesans placés au centre de la ligne de défense prirent la fuite et par leur lâche défection désorganisèrent la résistance. Mouktar se précipita avec ses Albanais dans l'espace laissé vide par les Prévesans et les troupes Françaises se trouvèrent enveloppées par des milliers d'ennemis.

Les 440 Français[1] succombèrent alors successive-

[1] Artilleurs de la 7e compagnie sédentaire........... 18
Sapeurs de la 5e compagnie du 2e bataillon du génie.. 41 } Français
6e demi-brigade .... 281 { 440
79e demi-brigade 100

Sulliotes.. 60 } 260
Prevesans....................................... 200

700

Documents officiels.

ment dans une lutte où chacun avait à faire tête à plus de 20 ennemis, et jamais on ne vit plus de prodige, de courage et de valeur, que dans cette terrible épreuve.

Le chef de brigade Hotte, entouré de cavaliers albanais, se défendit comme un lion et gagna la redoute de gauche. Le chef de bataillon Gabori, après avoir fait mordre la poussière à plusieurs ennemis tomba percé de coups. Richemont après avoir tué plusieurs albanais avec un fusil dont il s'était emparé, se défendit à la bayonnette, mais il fut fait prisonnier avec deux balles dans le bras gauche et dans l'épaule et de nombreux coups de sabre.

Le général de La Salcette essaya vainement de réunir quelques détachements, puis l'épée à la main et aidé de quelques hommes, il se fit jour au milieu des adversaires et rejoignit le chef de brigade Hotte dans la petite redoute. Pendant une journée entière une poignée de braves isolés, entourés et perdus, reçurent les coups de fusils de l'ennemi, ils ne se rendirent qu'après avoir perdu les trois quarts des défenseurs, épuisé toutes leurs munitions et pour sauver la vie des derniers survivants, la plupart blessés.

Des 440 Français qui prirent part au combat de Nicopolis, une centaine seulement échappèrent au désastre et furent faits prisonniers. Conduits à Janina, les outrages les plus sanglants, les traitements les plus

odieux leur furent prodigués. Ils furent expédiés ensuite
sur Constantinople.

Le général de la Salcette et le chef de brigade Hotte
furent enfermés au château des Sept tours. Tous les
autres officiers furent jetés au bagne avec les soldats.

Plusieurs auteurs ont rendu compte de cette san-
glante affaire de Nicopolis. Une brochure publiée par
le général Vallongne a fait connaitre l'héroïque défense
de nos soldats.

Le général de Richemont l'a raconté aussi avec
grands détails.

Alphonse de Beauchamps dans l'histoire d'Ali-
Pacha, a rendu pleine justice à nos troupes.

Lord Byron a consacré quelques beaux vers à la
mémoire des deux amis Gabori et Richemont.

Quand au nom de la Salcette, il est resté dans le
pays comme un symbole de bravoure et plusieurs fois
il a été donné à des navires grecs. Ce fut à bord de
la frégate *La Salcette* que lord Byron arriva dans le
Bosphore en 1810[1].

---

[1] *Œuvres de Lord Byron*, né 1788×1824, note de Don-Juan, page 574ᵉ,
2ᵉ édition de Pichat :

« Montés sur la frégate *La Salcette*, commandée par le capitaine
« Hathurst, lord Byron et le lieutenant Ekenhead traversèrent à la nage le
« 3 mai 1810, le bras de mer qui sépare Abydos de Sartos.

Le général de La Salcette fut échangé en mars 1801 et classé dans la 7e division militaire, sous les ordres du général Molitor. Après quelques mois de repos il reprit la vie militaire la plus active et, nous allons continuer à en signaler les événements les plus importants.

En 1805, lorsque l'empereur fonda l'ordre de la Légion d'honneur, le général de La Salcette fit partie de la première promotion d'organisation avec le grade de commandeur (16 août 1805).

Après la lutte contre la Prusse et la bataille d'Iéna (25 octobre 1806), Napoléon forma plusieurs armées de réserve et nomma le général de La Salcette, chef d'état-major général de celle qu'il ordonna de concentrer dans les départements du Haut et du Bas-Rhin. (Décret du 6 novembre 1806).

Quelque temps après, lorsque par le décret du 21 novembre 1806, le blocus continental fut décidé, l'empereur désigna le général de La Salcette pour gouverner le Hanovre. Le général n'arriva que le 1er janvier 1807 et prit immédiatement possession de son commandement et du Palais Ducal. Son administration fut sage et paternelle, ses proclamations toujours dictées par un grand esprit de modération et de justice. Il mit tous ses efforts à faire cesser les abus qui se glissaient dans les contributions de guerre, les charges de toute nature, les transports militaires, etc., etc.

Il resta gouverneur du Hanovre pendant les années 1807, 1808, 1809 et au mois de mars 1810, lorsque tout le pays fut réuni au royaume de Westphalie, le baron Reinhard, commissaire spécial délégué par l'empereur fit la remise du pays aux commissaires du roi Louis. Le général de La Salcette reçut l'ordre de rentrer à Paris (30 mars 1810) et de partir de nouveau comme gouverneur de Rome.

Le général de La Salcette resta à son nouveau poste dans la 30e division militaire, depuis 1811, jusqu'au moment de nos désastres de 1814. Le 9 janvier 1814, il fut envoyé à Civita-Vecchia pour mettre la place en état de défense, et en 8 jours, grâce au merveilleux concours d'une garnison de 1.240 hommes, du chef du génie Lessers et du capitaine d'artillerie Meri, tout fut prêt.

Les engagements d'avant-garde commencèrent le 21 février, mais le duc d'Otrante, commissaire général de l'empereur dans la France Transalpine, avait obtenu le 16 février 1814 la suspension des hostilités, sous la condition préalable de remettre aux troupes napolitaines les places de Pise, de Livourne et de Civita-Vecchia. Le général dut obéir aux ordres du ministre transmis par le général Miollis et revenir en France.

Par ordonnance royale, le 31 août 1814, le gouvernement le plaça à la tête du département de la Loire, mais le général refusa de reprendre du service et demanda sa mise à la retraite qui lui fut accordée, le 24 décembre 1814.

Retiré dans sa propriété de Malissoles, sa création et son œuvre, la Salcette croyait pouvoir y vivre désormais en paix, la période des cent jours vint le désabuser, et il nous reste à raconter la part qu'il fut appelé à prendre dans les dernières luttes de Napoléon.

Le 6 février 1815, Napoléon quitta l'île d'Elbe sur le brick l'*Inconstant*. Débarqué à St-Raphaël, le 1er mars, il marche sur Paris. Accueilli partout avec enthousiasme, il est à La Mure le 6 mars et le 7 à Grenoble. il passe le 8 une revue des troupes et procède à l'organisation immédiate du pays. Il envoie chercher le général de La Salcette à sa propriété de Malissoles et lui confie le commandement de la 7e division militaire. Les généraux Théodore Chabert et le baron Alexandre Debelle reçoivent le commandement des départements des Hautes-Alpes et de la Drôme, etc. Enfin, Napoléon arrive à Paris le 20 mars.

Pendant les cent jours, le général de La Salcette se conduisit avec la plus grande sagesse, il couvrit de sa protection et toujours de son silence, les nombreuses familles compromises par les événements et affolées par le retour de l'empereur. Dans sa proclamation du 4 avril il fit taire l'esprit de parti, pour ne s'occuper que du bien public.

Les événements se succèdèrent avec rapidité, la coalition se reforma contre la France, et l'empereur quitta Paris, le 12 juin, pour voir sa puissance succomber le 18 à Waterloo. La dernière proclamation du général de La Salcette (26 juin 1815) fit connaître aux habitants de Grenoble l'abdication de Napoléon.

Pendant la seconde Restauration, le général de La Salcette dont la conduite avait été sage et correcte, ne fut pas inquiété, mais par décision royale du 21 juillet 1815, il fut remis en retraite et sa nomination au grade de général de division annulée.

Le roi Louis-Philippe lui rendit son grade pour prendre rang du 19 novembre 1831.

Rendu pour toujours à la vie civile, le général de La Salcette ne sortit plus de sa propriété de Malissoles ou il mourut le 3 septembre 1834.

Son nom a été inscrit sur l'arc de triomphe de l'Etoile, côté Sud.

Dès sa rentrée en France, en 1801, après son long séjour aux Sept Tours à Constantinople, le général avait songé à se créer une habitation et un foyer de famille. Il avait acheté dans le canton de Vif, commune de

14

Varces, en face de la seigneurie de Commiers possédée par sa famille, un immeuble important, la terre de Malissoles[1]. Il pria un de ses amis, l'ingénieur des mines Barral, de lui construire un château.

En 1808, dans une de ses lettres datées du Hanovre, 20 mars 1808, il écrivait : « Me voilà enfin hors « de mes grandes entreprises et de mes acquisitions. « J'ai mon bel immeuble de Malissoles bien fini, bien « entier, sans une obole de dettes. »

Ce beau château, la création du général, n'appartient plus aujourd'hui à son héritier direct.

[1] En 1649, cette seigneurie appartenait à Melchior de Buffevant, sieur de Malissoles.

On la retrouva ensuite chez François de Moydieu de Malissoles (1676× 1738), évêque de Gap dit le Saint des Alpes.

Et enfin, chez Gaspard-François de Moydieu de Malissoles qui fut conseiller au Parlement de Grenoble, de 1775 à 1790.

Le dernier propriétaire a été croyons-nous, Berger de Moydieu de Malissoles, mort à la Verpillière, le 23 novembre 1807.

PIÈCES ANNEXES
A LA NOTICE SUR LA FAMILLE DU GÉNÉRAL BARON
COLAUD DE LA SALCETTE

~~~~~~~~~~~

REGISTRE DU SÉNAT CONSERVATEUR
(ARCHIVES DU ROYAUME)

Séance du mardi 28 février 1809

« Conformément aux articles 11 et 12 du premier statut du 1ᵉʳ
« mars 1808, par décret du 25 prairial an XII, avons autorisé Joseph-Louis-
« Claude Colaud de la Salcette, député au Corps Législatif... à se qualifier
« de chevalier. »

Ses armoiries seront « d'azur à la face d'argent chargé de trois
« étoiles d'azur et accompagné de cinq besans d'or, deux en chef, trois en
« pointe deux et une. Bordure de gueule au signe des chevaliers et pour
« livrée les couleurs de l'Écu. »   *28 janvier 1809.*

— Le 18 mai 1811, le Sénat conservateur enregistre le titre de baron
accordé au général Jean-Jacques-Bernardin Colaud de la Salcette, né
à Grenoble, le 27 décembre 1759, etc. Les armoiries sont celles de
sa famille : « d'azur à la face d'argent chargée de trois étoiles d'azur,
« accompagné de cinq besans d'or, deux en chef et trois en pointe. »

On ajoutait comme toujours « le franc quartier des barons tirés de
« l'armée, brochant au neuvième de l'Écu et pour livrée la couleur
« de l'écu. »

PIÈCES JUSTIFICATIVES
POUR LA NOTICE DU GÉNÉRAL
Archives du ministère de la guerre
Correspondance générale du 1er octobre 1798
au 26 janvier 1799

— Le 9 octobre le Directoire exécutif confie le commandement de l'ile de Malte et des départements d'Itaque, de Corcyre et de la mer Egée au commandant en chef de l'armée d'Italie.

— Le 10 octobre 1798 le ministre écrit au général en chef : « Je vous « recommande de défendre Corfou, place très importante. Dans le « cas où vous jugeriez convenable de faire remplacer le général « Chabot à Corfou, comme il y a déjà eu ordre de le changer, si « vous ne le trouviez pas assez capable d'y commander, je vous « invite à y envoyer un officier ferme et intelligent sur lequel on « puisse compter. »

— 14 octobre 1798, nomination du général de division Joubert, comme général en chef de l'armée d'Italie.

— 17 octobre 1798. Le général Chabot, de Corfou, au ministère de la guerre :
« J'ai formé un camp retranché sur les ruines de Nicopolis, position « avantageuse qui met à couvert le territoire de Praveza et qui, avec très « peu de force, est susceptible de résister aux efforts des Turcs. Ce camp « est occupé par 500 hommes de troupes réglées auxquels se réunissent « les Prevezans qui sont bien disposés à défendre leurs foyers. »

— 19 octobre 1798. Dans le conseil de guerre tenu ce jour-là à Corfou, on lit les lettres du général de La Salcette qui avertit de l'arrivée des Runessins et des escadres russes et turques.

— 25 octobre 1798. Capitulation de la forteresse de Zanthe aux Russes.

— 1er novembre 1798. Le général Chabot au ministre de la guerre :

« Les événements les plus sinistres se sont succédés avec rapidité
« depuis mes dernières dépêches. Le camp de Nicopolis que j'avais formé
« en avant de Preveza, malgré sa bonne position et les ouvrages que le
« peu de temps nous avait permis d'y faire a été enlevé le 2 brumaire par
« un corps de 10.000 Turcs commandé par *Ali Pacha*, après un combat
« opiniâtre de 24 heures dans lequel nous avons perdu 200 hommes. De
« ce nombre sont un chef de bataillon, le chef de la 6e demi brigade et le
« général de brigade La Salcette. On m'assure que ces deux derniers sont
« prisonniers ainsi que plusieurs autres militaires. »

— 13 novembre 1798. Le général en chef Joubert au ministre de la guerre :

« La principale affaire a été celle du camp en avant de Nicopolis
« où nous avons été attaqué avec 10.000 hommes par Ali Pacha, le même
« qui, par trahison, s'est emparé de l'adjudant général Rose et qui dans
« cette occasion, nous a fait essuyer une perte d'environ 200 hommes,
« d'un chef de bataillon et de brigade de la 6e et du général La Salcette.
« On assure ces deux derniers prisonniers. »

— 15 novembre 1798. Le général en chef au Directoire exécutif :

« Les Turcs se sont emparés de la terre ferme vénitienne où le géné-
« ral La Salcette a été fait prisonnier avec les débris de ses forces qui ont
« pu échapper au carnage... »

ETATS DE SERVICE DU GÉNÉRAL COLAUD DE LA SALCETTE

Né le 27 décembre 1759.

Cadet, 20 mai 1775.

Sous-lieutenant en pied, 11 juin 1776.

Lieutenant en premier, 20 septembre 1788.

Capitaine, 1er juin 1791.

Adjudant général, chef de bataillon, 8 mars 1793.

Adjudant général, chef de brigade, 25 prairial an III.

Général de brigade, 7 brumaire an IV.

Armée d'Italie et d'Orient, an IV, V et VI.

Prisonnier de guerre des Turcs, 2 brumaire an VII.

Rentré en France par échange, an IX.

Chef d'état-major général de l'armée de réserve sous Kellermann, 18 brumaire an XIV.

Gouverneur du Hanovre, 4 décembre 1806.

Gouverneur de Rome, 10 juin 1810.

Mis à la retraite, 24 décembre 1814.

Relevé et fait général de division, 22 mars 1815.

Remis en retraite, le 21 juillet 1815.

Nomination annulée, le 1er août 1815.

Rentré dans la position de retraite.

Promu lieutenant-général, 19 novembre 1831.

Nouvelle pension de retraite liquidée le 25 octobre 1832.

Décédé le 3 septembre 1834.

CAMPAGNES ET CITATIONS

S'est distingué : *les 8 et 12 juin 1793; les 8 et 16 fructidor an III, les 2, 6 et 7 frimaire, an IV. Trois fois cité au siège de Mantoue an IV,* où il commandait par intérim la division Serrurier ; il repoussa trois fois l'ennemi. Le 20 fructidor an IV, il empêcha les troupes de Mantoue de se réunir aux assaillants, battit l'ennemi, lui enleva son artillerie, etc.

Prisonnier de guerre des Turcs après une belle défense à Preveza.

OUVRAGES A CONSULTER :

— Pouqueville, *Voyage en Grèce.*

— Général Suzanne, *Histoire de l'infanterie française.*

— Bellaire, *Défense des îles Ioniennes.*

— Pankoucke, *Victoires et conquêtes des Français, 1792-1815.*

— *Mémoires de l'abbé Serpeille.*
— *Correspondance de Napoléon Ier.*
— *Combat de Nicopolis,* par le général Vallongne.
— *Mémoires du général de Richemont,*
— *Histoire d'Ali Pacha,* par A. Beauchamps. Archives du ministère de la guerre, etc., etc.

FAMILLE DE BEAUVERS

L A famille de Beauvers est originaire de Normandie, elle figure dans les anciennes généalogies de l'arrondissement de Bayeux.

Pierre-Florent Travers, seigneur de Beauvers, directeur des aydes à Bayeux, en 1697, vivait encore en 1731. Il était à cette époque intéressé dans les fermes du roi et habitait rue Sainte-Croix-de-la-Bretonnerie, paroisse Saint-Merry à Paris[1]. Il avait épousé Anne Paris[2] dont il eut un fils qui suit.

Richard-Charles-François Travers de Beauvers fut écuyer, conseiller du roi, receveur des tailles de l'élection de Pontoise en 1731 [3]. Il épousa Marie-Anne-Noël de Pille[4], fille de Gabriel-Antoine de Pille et de Denise-Marie-Hélène Dupré[5], qui lui donna deux fils :

[1] Acte de naissance de Charles-François-Noël J. de B.
[2] Acte de naissance de Antoine Richard Travers de Beauvers.
[3] [4] [5] Actes de naissance ci-dessus.

— Charles-Florent-Noël, né à Pontoise, le 5 février 1731, dont nous n'avons pas pu retrouver la filiation et

— Antoine Richard qui suit.

Antoine Richard Travers de Beauvers naquit à Pontoise, le 30 juin 1733. Son acte de mariage nous apprend qu'il était mousquetaire noir dans la 2ᵉ compagnie des gardes du roi, gouverneur pour le roi de la ville de la Ferté-en-Brie. Lors de son décès, il était commissaire des guerres et chevalier de Saint-Louis.

Il épousa, le 10 juillet 1770, Claire-Claude Audrillard de Vareilles, fille de messire Jean-Louis Audrillard de Vareilles, écuyer, avocat au Parlement, contrôleur de la maison de feu Madame la Dauphine[1] et conseiller honoraire de S. A. R. et électorale de Trèves, et de dame Louise-Françoise Gonet, femme de chambre de Madame la Dauphine[2].

Madame de Beauvers, née le 7 octobre 1752, mourut à Paris, le 18 décembre 1807,[3] avant son mari qui décéda aussi à Paris, le 19 novembre 1809.[4]

Ils laissèrent quatre enfants :

---

[1] Acte de mariage. La Dauphine était Mᵐᵉ Marie-Joseph de Saxe, mère de Louis XVI.

[2] Marie-Antoinette.

[3], [4] Actes de décès de l'état civil.

1º Louis, né en 1770, qui fut tué à l'armée pendant les guerres d'Amérique.

2º François-Xavier de Remilly de Beauvers, né en 1772. Il émigra pendant la révolution et ne donna plus de ses nouvelles.

3º Antoine, né le 18 juillet 1777, qui suivra la filiation.

4º Auguste, qui fut commissaire des guerres en Calabre, puis sous-intendant militaire à Orléans. Il devint secrétaire général du ministère de la guerre sous M. de Clermont-Tonnerre. Il épousa, le 30 avril 1826, N. d'Alescourt. Le roi Charles X signa à son contrat et par lettres patentes entérinées, du 16 janvier 1827, il le créa baron héréditaire. Deux enfants survécurent : Auguste, baron de Beauvers est devenu directeur des Haras, et Marie a épousé le colonel de Tugny à qui elle a donné trois enfants :

Antoine T. de Beauvers, fils d'Antoine Richard et de Claire de Vareilles, naquit le 18 juillet 1777. Reçu chevalier de Malte en minorité, le 29 janvier 1784, il porta la croix de cet ordre jusqu'à sa suppression en France. Après de brillantes études terminées à Vendôme, il devint chancelier du consulat en Danemarck, l'an xi, puis assesseur au tribunal de Lunebourg, et à la cour prévotale de Hambourg. Par décret impérial du 20 septembre 1812, daté de Moscou, il fut transféré à Brême, puis attaché à l'armée commandé par le maréchal prince d'Eckmull. Sous la Restauration, il fut nommé conseiller à la Cour d'appel de Bastia et à celle de Grenoble. Devenu président de Chambre à la Cour royale d'Orléans, puis premier président à la même Cour, il acheva sa belle carrière judiciaire comme conseiller à la Cour de cassation.

Il mourut à Paris, le 5 avril 1851.

Il épousa pendant son séjour à Grenoble, en 1823, Joséphine de La Salcette, fille du général de division de ce nom.

Ils ont eu deux filles, Mathilde et Claire. La seconde est morte en 1831, des suites d'un accident ; Mathilde qui est née en 1824 a épousé, en 1842, Alexis-Modeste de Gretry, qui, après avoir été élève de l'Ecole polytechnique et officier du génie, est mort, en 1882, trésorier-payeur général du département d'Ile-et-Vilaine, à Rennes.

Mathilde de Gretry a eu quatre enfants dont deux ont seuls survécus.

Paul, né en 1850, a été inspecteur des finances et receveur particulier à Provins.

Claire, née en 1845, a épousé en 1870, Henri Mure, premier secrétaire à l'ambassade française à Vienne. Ils ont eu trois enfants : Georges, né en 1871, Mathilde, née en 1873 et Paul, né en 1877.

15.

Paul de Gretry a épousé, en 1889, Elisabeth de Peyronnet. Ils ont aujourd'hui 1891, un fils, Pierre, né en 1890.

Les armes de Beauvers, enregistrées le 20 septembre 1697, portent : d'azur aux trois cigognes d'argent posées 2 et 1 ; au chevron d'or chargé de sept étoiles de sable.

FAMILLE
TRAVERS DE BEAUVERS

Pierre-Florent Travers, seigneur de Beauvers,
Directeur des aides à Bayeux,
épouse Anne Paris.

Richard-Charles-François Travers, S. de Beauvers, écuyer, conseiller du roi
Receveur des Tailles, à Pontoise, épouse Marie-Anne Noël de Pille.

Antoine-Richard Travers de Beauvers
Mousquetaire noir... commissaire des guerres
Épouse 1770 Claire-Claude Audrillard de Vareilles

Charles-Florent Noël 1731

Antoine 1777 †1831, chevalier de Malte
Conseiller à la Cour de cassation
Épouse, en 1823, Joséphine de La Salcette

Auguste baron Travers de Beauvers
Secrétaire général du ministère de la guerre
Épouse N. d'Alescourt

Louis, 1770†
tué dans la guerre
d'Amérique

François-Xavier de Remilly
de Beauvers, 1772†
Mort en émigration.

Auguste baron T de Beauvers
Directeur des Haras

Marie
Épouse N. de Tugny
Colonel d'état-major

Clara décédée
par accident 1831

Mathilde 1824†
'pouse en 1842 Alexs-Modeste
de Gretry 1813†1832

Auguste 1854. Offi.
de cavalerie. Epouse
N. du Chayla

Paul 1856. Of. de ca-
valerie. Epouse N.
Gueneau de Mussy

Claire, épouse le
vicomte de Carné
de Carnavalet

Edouard
†1843

Claire 1845†
Epouse. en 1870,
Henri Mure

Jacques
†1856

Paul 1850† inspecteur des
finances, épouse en 1886
Elisabeth de Peyronnet

Georges 1871
Mathilde 1873
Paul 1877

Pierre 1890

FAMILLE DE MONTLOUIS
ALLIÉE AUX
T. DE BEAUVERS

Dufour de Montlouis, mousquetaire du roi. Epouse N. qui fut nourrice du grand Dauphin, Père de Louis XVI

Dufour de Montlouis

N. Dufour de Montlouis, épouse N. Berthollet-Campan, secrétaire particulier de la reine, Femme de Louis XV

N. Berthollet-Campan, épouse Henriette Genet qui fut lectrice de Madame E., puis 1re femme de chambre de Marie-Antoinette. Elle resta 20 ans auprès de la reine. Elle fut surintendante de la maison impériale d'Ecouen.

FAMILLE GENET-CAMPAN

Henriette Genet, 1752+1822 Epouse Berthollet-Campan

Genet, 1er commis au ministère des affaires étrangères

Henri Campan Auditeur au Conseil d'Etat, Préfet de la Stura, 1785+1821

N. épouse N. Rousseau

Agathe Epouse N. deSt-Elme, Receveur Général.

N. épouse N. Ponnelier

Lucien, mort à St-Domingue

Alexandrine, devenue baronne de Lambert

N. Epouse N. Auguié

Antoinette Epouse M. Gamet

Aglaée Epouse le Maréchal Ney

N. qui secrétaire à l'ambassade de France aux Etats-Unis sous la République, épouse la fille du général Clynton et se fixe à New-York.

Adèle, dame d'honneur de la reine Hortense épouse N. de Broc, + 1809. Elle meurt noyée, en 1813, à Aix-les-Bains.

FAMILLE DE GRETRY

A famille de Gretry tire son nom et son origine de la terre de Gretry, sise sur le territoire de la commune de Bolland, canton de Dalhem, arrondissement de Verviers, province de Liège (Belgique).

Il résulte des actes de naissance et de décès retrouvés dans les archives des communes de Bolland, du Mortier et de Liège : qu'*Arnold de Gretry* est décédé le 29 mars 1679. Il eut pour héritier *François Arnold de Gretry* qui épousa Marie-Jeanne Noël et mourut le 14 octobre 1713.

Ils laissèrent trois fils :

1º Jean-Noël, né le 4 mars 1673, continua la filiation.

2º Arnold, né le 22 août 1675, épousa Barbe de Mollin.

3º Gilles, né le 1er septembre 1630, eut pour compagne Marie-Jeanne *Le Campe*.

JEAN-NOEL DE GRETRY

EAN-NOEL DE GRETRY, né le 4 mars 1673, assista pendant de longues années aux dépenses considérables de ses parents. A la suite de nombreuses disgrâces de fortune subies par le possesseur de la terre de Gretry, cette terre fut, au commencement du xviiie siècle, l'objet d'aliénations partielles et successives. Elle sortit définitivement de la famille, en 1714, lors du renoncement par Jean-Noël et par ses frères, le 30 avril 1714, à l'hérédité mobilière et immobilière de leurs père et mère[1].

Nous n'avons pas recherché les descendants des

---

[1] Registre aux œuvres et transports de la haute Cour de Justice de la libre terre de Bolland, du 21 juin 1713 au 13 novembre 1721, folio 21 Archives de la ville de Bolland.

deux fils Arnold et Gilles de Gretry, nous nous bornerons à suivre la branche qui nous touche.

Jean-Noël épousa Dieudonnée Campinado qui lui donna un seul fils qui suit.

16

FRANÇOIS-PASCAL DE GRETRY

RANÇOIS-PASCAL DE GRETRY, né le 31 mars 1714, épousa Marie-Jeanne des Fossés et mourut, en 1769, laissant deux enfants : 1° Jean-Joseph qui continuera la filiation, 2° André-Ernest-Modeste qui devint le célèbre compositeur.

Avant de continuer le rapide historique de cette famille, nous appelerons l'attention sur l'homme illustre qui sut conquérir la plus grande notoriété.

André-Ernest-Modeste de Grétry naquit à Liège, le 11 février 1741. Il fut élevé d'abord à Liège, puis à Rome, et s'établit à Paris où il devint célèbre. Il se maria et eu trois filles : *Jenny, Lucile* et *Antoinette* qui moururent toutes les trois jeunes. La dernière fut la filleule de la reine Marie-Antoinette et du comte d'Artois.

Grétry avait acheté à Montmorency l'*Hermitage*, petite maison habitée longtemps par Jean-Jacques Rousseau. Devenu veuf, il s'y retira avec son frère. Il y mourut le 24 septembre 1813, léguant ses biens à sa famille et son cœur à Liège, sa ville natale.

De tous les artistes appartenant à l'Institut, depuis l'époque de sa fondation, Grétry était celui dont la foule connaissait le mieux le nom et les ouvrages. De là, l'émotion universelle à la nouvelle de sa mort et les honneurs sans précédents, au moins dans notre pays, dont on entoura son cercueil. Peut-être faudrait-il remonter jusqu'au souvenir des pompes déployées à Rome, lors des obsèques de Raphaël, pour trouver à l'étranger l'équivalent de ce qui se passa chez nous à l'occasion de la mort de Grétry[1].

Rapporté de l'Hermitage et exposé pendant quelques heures au seuil de la demeure du maître à Paris[2], le corps de Grétry fut placé sur un char où s'amoncelaient les palmes et les couronnes et qu'entouraient les membres au grand complet des quatre classes de l'Ins-

---

[1] Détails pris dans la notice du vicomte Henri *Delaborde* sur l'Académie des Beaux-Arts, 1889.

[2] Gretry habitait à Paris la maison sise à l'angle du boulevard des Italiens et de la rue de Grammont.

(Notice Delaborde).

titut. L'église St-Roch fut trop petite pour contenir à la fois, la foule qui depuis le matin en assiégeait les portes et la totalité de ceux qui composaient le convoi. On n'atteignit que vers la fin de la journée le cimetière de l'Est.

En 1822, le Conseil de Régence chargea le chevalier Rigault de Rochefort, ancien président de la Cour de Liège et le peintre d'histoire Ausiaux, d'assurer le transport du cœur de Grétry à Liège.

Ce cœur embaumé le 23 novembre 1813, par le docteur Souberbielle et placé par lui dans une boîte en plomb en forme de cœur, sur laquelle se trouvait modelés en relief des veines et des artères tronquées, fut par suite de l'ordonnance royale du 26 mars 1828, remis par les membres de la famille de Grétry à MM. de Guerlache et de Sauvage, représentants le conseil de Régence de Liège. La translation, trop longtemps retardée par les événements politiques, fut entourée d'une pompe extraordinaire. Les fêtes durèrent trois jours, les 7, 8 et 9 septembre 1828[1]. Elles eurent principalement lieu sur la place, qui, depuis le 3 juin 1811, portait le nom de Grétry. Une brochure rédigée par M. de

---

[1] De Guerlache, Liège, imprimerie de P.-J. Collardier, imprimeur de l'Université, 1829, petit in-8° de 80 pages.
Récit des fêtes de Liège, de la translation du cœur, etc.

Guerlache, devenue aujourd'hui très rare, rend compte de tout, dans les plus minutieux détails.

En 1845, près de vingt ans après, un fort beau monument dû au ciseau du grand sculpteur Geefs a, de nouveau, consacré sur une place de Liège, le souvenir de l'illustre Grétry.

JEAN-JOSEPH-CÉLESTIN DE GRETRY

Jean-Joseph-Célestin de Gretry, fils de François-Pascal et de Marie-Jeanne des Fossés vint au monde le 17 mai 1739 et mourut le 3 floréal an IX. Il épousa Marie-Marguerite Kempener qui lui donna deux filles et un fils qui suit.

JEAN-JOSEPH-ALEXIS DE GRETRY

EAN-JOSEPH-ALEXIS fut élève de l'école poly-technique et ingénieur des ponts-et-chaussées. Devenu ingénieur en chef du département du Loiret avec résidence à Orléans, il y épousa Désirée Victoire Caillard qui lui donna deux fils :

Alexis-Modeste qui suivra et *Edouard* qui mourut, en 1833, à l'école polytechnique.

ALEXIS-MODESTE DE GRETRY

LEXIS-MODESTE, né en 1813, fut élevé à Paris, passa aussi par l'école polytechnique, fut officier du génie, puis donna sa démission. Il épousa, en 1842, Mathilde de Beauvers[1], fille du premier président de la Cour d'appel d'Orléans. Devenu trésorier-payeur général à Rennes, il y mourut en 1882.

Il laissa deux enfants dont nous avons déjà donné la descendance dans la notice sur la famille de Beauvers.

La ville de Liège a rendu de très grands honneurs au célèbre Grétry, le compositeur.

[1] Notice sur la famille de Beauvers, pages 120 et suivantes.

FAMILLE DE GRETRY

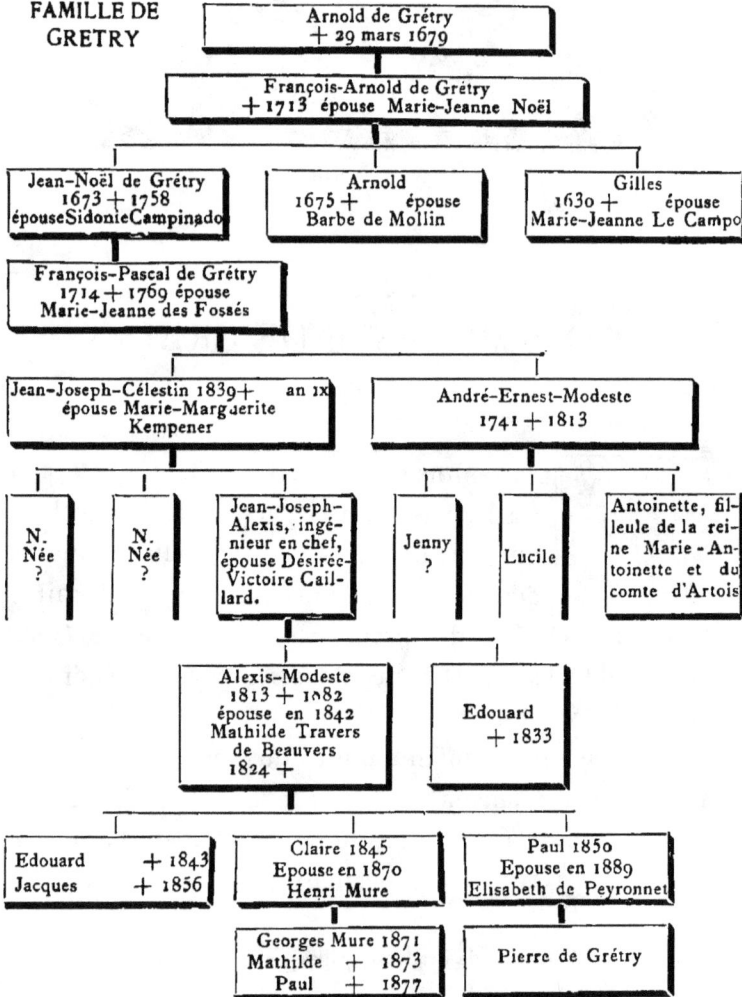

Arnold de Grétry
+ 29 mars 1679

François-Arnold de Grétry
+ 1713 épouse Marie-Jeanne Noël

Jean-Noël de Grétry
1673 + 1758
épouseSidonieCampinado

Arnold
1675 + épouse
Barbe de Mollin

Gilles
1630 + épouse
Marie-Jeanne Le Campo

François-Pascal de Grétry
1714 + 1769 épouse
Marie-Jeanne des Fossés

Jean-Joseph-Célestin 1839+ an ix
épouse Marie-Marguerite
Kempener

André-Ernest-Modeste
1741 + 1813

N.
Née
?

N.
Née
?

Jean-Joseph-
Alexis, ingé-
nieur en chef,
épouse Désirée-
Victoire Cail-
lard.

Jenny
?

Lucile

Antoinette, fil-
leule de la rei-
ne Marie - An-
toinette et du
comte d'Artois

Alexis-Modeste
1813 + 1882
épouse en 1842
Mathilde Travers
de Beauvers
1824 +

Edouard
+ 1833

Edouard + 1843
Jacques + 1856

Claire 1845
Epouse en 1870
Henri Mure

Paul 1850
Epouse en 1889
Elisabeth de Peyronnet

Georges Mure 1871
Mathilde + 1873
Paul + 1877

Pierre de Grétry

FAMILLE DAUSSE

La famille Dausse est originaire de Gray (Franche-Comté). Ses membres souvent échevins et bien alliés occupèrent toujours une situation considérable.

Vers 1750, N. *Dausse* épousa N. *Le Duc*, d'une ancienne famille noble du Luxembourg. Ingénieur très éminent, chargé du service dans la province de Franche-Comté, il dirigea des travaux importants et contribua à l'embellissement de la ville de Besançon. Il laissa deux enfants : un fils qui continua la filiation et une fille qui resta dans la maison paternelle et mourut célibataire.

Joseph-Henri-Christophe Dausse, fils de N. Dausse et de N. Le Duc, naquit à Gray en 1746. Entré à 20 ans à l'école des ponts-et-chaussées, il fut l'élève du grand Perronet. Devenu son ami et son adjoint, il travailla sous ses ordres aux plus beaux travaux de l'époque, notamment : au pont de Neuilly (1768-1774); au pont de St-Maxence-sur-l'Oise (1775); au pont de Louis XV à Paris (1787-1792).

Perronet lui confia, plus tard, la direction d'un cours important à l'école des ponts-et-chaussées et lui fit donner, comme récompense, la direction de tout le service des routes et ponts de la province du Dauphiné avec résidence à Grenoble.

Il s'y maria, en 1786, avec Marie-Thérèse Couturier, qui, devenue veuve, s'est éteinte en 1848.

Henri-Christophe Dausse promu ingénieur en chef pour l'ensemble des généralités des provinces, fut appelé à Paris et y séjourna pendant la période révolutionnaire. Renvoyé plus tard à Grenoble, il devint inspecteur divisionnaire et fit exécuter de très beau travaux. C'est à ses soins que l'on doit la nouvelle route du Mont-Cenis qui traverse la Maurienne et donne accès en Italie. C'est encore lui qui a rectifié et achevé la route du Simplon, celle du mont Genèvre et la route centrale de la vallée du Grésivaudan. Il mourut à Grenoble, en 1816, laissant cinq enfants :

1° Camille Dausse, né à Paris en 1787, mort en 1865.

Officier, puis préfet de l'Isère en 1848, il n'a laissé

qu'un fils, Alexis Dausse, qui a épousé, à Nancy, N. Lebegue qui ne lui a pas donné de postérité.

2° Emilie Dausse, née à Paris en 1790, décédée célibataire à Grenoble en 1863.

3° Henri Dausse, né en 1797, mort en 1866, receveur municipal de la ville de Grenoble.

4° Eugène Dausse qui s'est marié à Amiens et a laissé deux fils, Camille et Eugène.

5° Marie-François-Benjamin.

Benjamin, le dernier des enfants de Henri-Christophe Dausse et de Marie-Thérèse Couturier vint au monde le 28 janvier 1801. Reçu le deuxième à l'école polytechnique en 1818, il sortit le premier de sa promotion et, après avoir traversé avec succès l'école des ponts-et-chaussées, il fut attaché au service de la canalisation de la Seine.

Il dressa le premier projet de chemin de fer de Paris à Strasbourg. Fait chevalier de la Légion d'honneur en 1840, il fut chargé de l'étude de tous les cours d'eau de la France, avec la recherche de toutes leurs données de statistique et de reconnaissance.

Son premier rapport sur cette question, présenté à l'Académie des sciences, obtint le grand prix de statistique de l'Institut (1840), et la Chambre des députés dans sa séance du 27 mai 1845 (rapporteur Dangeville, député de l'Ain) en demanda l'impression.

En 1842, Dausse publia une étude sur la pluie et l'influence des forêts sur les cours d'eau.

Quand l'inspecteur général Comoy demanda, en 1861, cent millions pour améliorer le régime de la Loire et amoindrir ses inondations, Dausse prit la parole, adressa un rapport à l'Institut et fit abandonner ce projet dangereux et trop coûteux.

Son opinion appuyée par tous les savants domina la question et le conseil général des ponts-et-chaussées, après de longues discussions, rendit classiques les conseils de notre habile ingénieur et les approuva dans les termes suivants :

« Les inondations des grands fleuves ne peuvent « être ni supprimées, ni même atténuées dans une « mesure suffisamment utile par la création de réser- « voirs artificiels qui arrêteraient, dans les régions « supérieures du bassin, une partie du volume des « eaux.

« Le système d'endiguement général prétendu « insubmersible, présente de graves inconvénients et ne « saurait donner en aucun cas une garantie complète « de sécurité.

« On peut toujours, à l'aide de défenses directes et « locales, mettre les villes et les principaux centres de

« population établis dans les vallées à l'abri des ravages
« des grandes crues. »

Dausse présenta à l'Académie des sciences de 1840
à 1862 plus de dix mémoires sur les questions d'hydraulique.

Ils furent tous renvoyés à l'examen d'une commission composée de MM. Poncelet, Elie de Beaumont,
Maréchal Vaillant. Le rapport rédigé par M. Mathieu
et présenté le 22 décembre 1862 mérite d'être cité. En
voici deux passages importants :

« L'ingénieur Dausse a étendu ses travaux à la
« France entière, il a rassemblé des matériaux précieux
« sur toutes les questions qui se rattachent à la navi-
« gation fluviale, à l'économie des transports par eaux,
« à l'agriculture des vallées arrosées par nos rivières.
« Il a visité celles de l'Angleterre, de la Belgique, d'une
« partie de l'Allemagne, de la Suisse, de la Savoie
« (1851). Il a passé trois ans en Italie (1858-1861) pour
« étudier les travaux exécutés sur cette terre classique
« de l'hydraulique.

« En résumé, M. Dausse est un ingénieur profon-
« dément versé dans l'application des principes de
« l'hydraulique pour régulariser le cours des rivières et
« mettre autant que possible les vallées qu'elles par-
« courent à l'abri des grandes inondations. Nous pro-
« posons à l'Académie d'insérer un extrait de ces

« importants travaux dans le recueil des savants
« étrangers. »

En 1863, sur la proposition du maréchal Vaillant
et par ordre de l'empereur Napoléon III, le président
du conseil général des ponts-et-chaussées, l'inspecteur
Gayant, fut chargé d'examiner les travaux préparés par
M. Dausse. Il en constata *la haute importance et le
grand degré d'utilité* (rapport du 14 mars 1863). Mal-
heureusement la limite d'âge règlementaire vint mettre
fin à la carrière active de l'habile ingénieur et un décret
du 31 janvier 1863 le mit à la retraite.

Resté infatigable, Dausse publia encore, en 1864,
une étude sur les meilleurs modes d'endiguement, en
1867, une notice sur les inondations. En 1874, dans un
rapport très étudié il combattit les idées du sénateur
Italien, Lombardini, qui conseillait l'emploi et l'usage
des digues insubmersibles. En 1866 et 1874, il présenta
à la Société géologique de France deux rapports sur
la conséquence des barrages des rivières et sur l'exhaus-
sement et l'abaissement naturel des lacs, leurs anciens
niveaux, etc., etc.

Le 20 avril 1875, il publia son étude sur les inondations variables du Sénégal et du Nil.

Enfin en 1881, à l'âge de 80 ans, rentrant dans la
lutte active, il présenta et fit imprimer son étude sur
l'endiguement du Tibre.

Il acheva sa verte vieillesse en janvier 1890, à l'âge de 89 ans.

Il avait épousé, en 1827, Elisa Colaud de la Salcette, troisième fille du général de division de ce nom qui ne lui donna que deux filles :

1° Léonie qui a épousé Gustave Rolland, ancien chef de bataillon du génie et député de la Moselle et lui a donné un fils, Georges, qui s'est marié avec Marcelle Labbé.

2° Cécile, qui devenue la compagne d'Henri Giroud, payeur du département des Basses-Alpes et percepteur des finances à Marseille, lui a donné trois enfants, un fils et deux filles :

1° *Ernest*, mort jeune, sans postérité.

2° Gabrielle, qui a épousé Félix Février, juge au tribunal civil de St-Etienne et lui a donné deux fils.

3° Claire, qui a épousé en 1889, Gabriel *Andruejol*, président de Chambre à la Cour d'appel de Montpellier.

18

FAMILLE DAUSSE

- N. Dausse, né à Gray, épousa N. Le Duc.
  - Henri-Christophe Dausse 1746+1816, épouse en 1786 N. Couturier,.... +1840.
    - N. Dausse, morte célibataire.
    - Camille, 1787+1865 épouse N. Le Begue.
      - Camille.
      - Eugène.
    - Emilie, 1790 + 1863.
    - Henri, 1797 + 1866.
    - Eugène.
    - Benjamin, 1801+1890 ép. en 1827 Elisa Colaud de la Salcette,1804+187?
      - Léonie, 1829+ , mariée en 1850 avec Gustave Rolland, 1809+1871.
        - Georges Rolland, 1852+ , marié en 1883 à Marcelle Labbé, 1863+
        - Gabrielle, 1851+ mariée à Félix Février, +...
          - Félix Février, né en 1872.
          - René Février, né en 1878.
      - Cécile, 1831+ , mariée en 1850 avec Henri Giroud. +1880.
        - Ernest Giroud, 1855+1882.
      - Claire, 1858+ épouse en 1889 Gabriel Andruejol.
        - Eugène, né en 1889.
        - Gabriel, né en 1891

FAMILLE ROLLAND

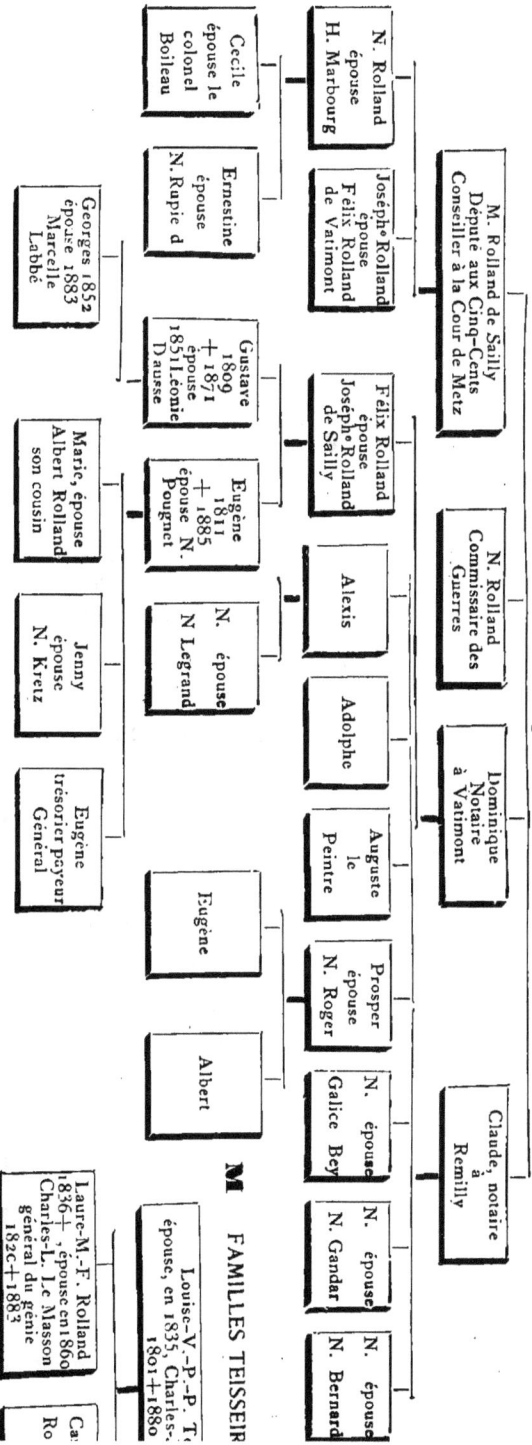

N. Rolland

M. Rolland de Sailly
Député aux Cinq-Cents
Conseiller à la Cour de Metz

N. Rolland
Commissaire des Guerres

Dominique
Notaire
à Vatimont

Claude, notaire
à
Remilly

N. Rolland
épouse
H. Marbourg

Cecile
épouse le
colonel
Boileau

Joseph Rolland
épouse
Félix Rolland
de Vatimont

Ernestine
épouse
N. Rupie d

Georges 1852
épouse 1883
Marcelle
Labbé

Félix Rolland
épouse
Joseph Rolland
de Sailly

Gustave
1809
+ 1871
épouse
1851 Léonie
Dausse

Eugène
1811
+ 1885
épouse N.
Pougnet

N. épouse
N Legrand

Alexis

Adolphe

Marie, épouse
Albert Rolland
son cousin

Jenny
épouse
N. Kretz

Eugène
trésorier payeur
Général

Auguste
le
Peintre

Eugène

Albert

Prosper
épouse
N. Roger

N.
épouse
Galice Bey

N.
épouse
N. Gandar

N.
épouse
N. Bernard

M FAMILLES TEISSEIR

Louise-V.-P.-P. T.
épouse, en 1835, Charles-.
1801 +1880

Laure-M.-F. Rolland
1836+ , épouse en 1860
Charles-L. Le Masson
général du génie
182c +1883

Elisabeth-L. Le Masso
Charles-Th. 1863+18
Françoise-Joséphine, 1
Robert-Georges, 1866-
Bernard-Joseph, 1872

FAMILLE ROLLAND

A famille Rolland est une ancienne famille du Pays Messin; nous ne savons rien de précis sur son passé.

Un maître de chapelle appelé Rollan[1] vivait pendant le xe siècle, dans l'oratoire St-Michel, une des dépendances de la cathédrale de Metz. Le nom de Rollant se retrouvait aussi, jadis, sur une épitaphe incrustée dans les murs intérieurs de la même cathédrale[2].

La branche des Rolland, qui nous occupe, vivait avant la grande Révolution à Remilly, près Metz et le chef de cette famille possédait presque tout le territoire de la commune.

---

[1] *Histoire de la Cathédrale de Metz*, par Emile Begin, vol. 1, page 84.
[2] Même ouvrage, 2ᵉ volume, pages 133 et 465.

Il laissa quatre fils :

1° N. Rolland qui fut député aux Cinq cents et acheta les terres et le château de Sailly. Devenu conseiller à la cour de Metz, il mourut dans cette ville, laissant deux filles qui devinrent mesdames Masbourg et Rolland.

2° N. Rolland qui fut commissaire des guerres sous l'empire et mourut célibataire.

3° Dominique Rolland qui fut notaire à Vatimont.

4° Claude Rolland qui devint notaire à Remilly.

Le troisième fils, *Dominique Rolland*, épousa sa cousine germaine, *Joséphine Rolland de Sailly*, dont il eut deux fils :

1° Gustave, né en 1809, mort en 1871, officier du génie puis député de la Moselle à l'assemblée nationale de 1848. Il a épousé, en 1851, Léonie Dausse qui lui a donné un fils Georges, né en 1852.

Georges, entré troisième et sorti second de l'école polytechnique, est devenu ingénieur des mines. Il a épousé, en 1883, Marcelle Labbé, petite fille et fille des grands et éminents propriétaires des belles forges et mines de Gorcy (Meurthe-et-Moselle).

2° Eugène, né en 1811, mort en 1885, membre de l'Institut, directeur des tabacs. Il a épousé N. Pougnet, de Strasbourg, qui lui a donné trois enfants.

1° Marie Rolland qui a épousé son cousin Albert Rolland de Remilly.

2° Jenny qui est devenue la compagne de N. Kretz, administrateur des tabacs.

3° Eugène Rolland, trésorier-payeur général.

M. Claude Rolland, notaire à Remilly a laissé sept enfants :

1° Alexis Rolland.

2° Adolphe qui fut littérateur et poète.

3° Auguste qui fut peintre célèbre.

4° Prosper qui entra dans l'administration des forêts.

5° N. Rolland qui épousa le colonel du génie Gallice devenu Gallice-Bey.

6. N. Rolland qui devint Madame Gandar.

7° N. Rolland qui fût Madame Bernard.

FAMILLE LABBÉ, DE GORCY

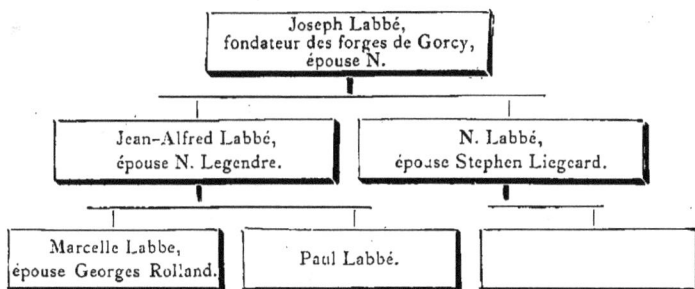

```
                    ┌─────────────────────────────┐
                    │        Joseph Labbé,         │
                    │ fondateur des forges de Gorcy,│
                    │          épouse N.           │
                    └─────────────────────────────┘
            ┌───────────────────────┴───────────────────────┐
   ┌────────────────────────┐              ┌────────────────────────┐
   │   Jean-Alfred Labbé,    │              │       N. Labbé,         │
   │  épouse N. Legendre.    │              │ épouse Stephen Liegeard.│
   └────────────────────────┘              └────────────────────────┘
       ┌──────────┴──────────┐                  ┌──────────┴──────────┐
┌────────────────────┐ ┌──────────────┐  ┌──────────────────────┐
│  Marcelle Labbe,    │ │ Paul Labbé.  │  │                      │
│épouse Georges Rolland.│ │              │  │                      │
└────────────────────┘ └──────────────┘  └──────────────────────┘
```

FAMILLE FRANÇOIS GIROUD DE SAINT-MARCELIN

A

24 enfants dont trois avec postérité retrouvée

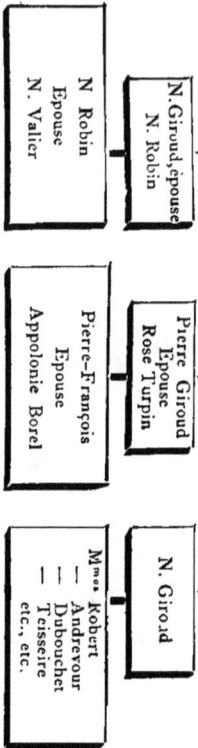

N. Giroud, épouse
N. Robin

N. Robin
épouse
N. Valier

A

B

Pierre Giroud
épouse
Rose Turpin

Pierre-François
épouse
Appolonie Borel

B

N. Giroud

Mmes Robert
— Andrevour
— Dubouchet
— Teisseire
etc., etc.

FAMILLE PARIS-TREFONT D'AVANCOURT

Zélie Valier 1794 † 1804,
épouse N. N. Paris de
Trefond-d'Avancourt
1765 † 1859

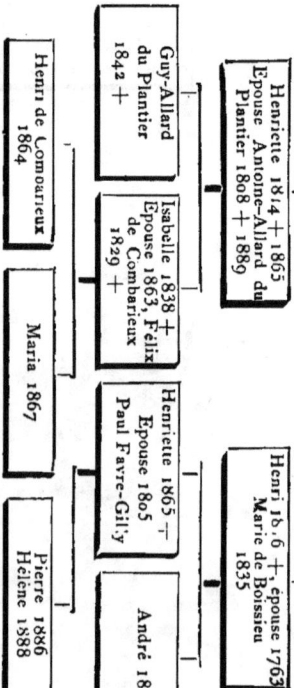

Henri 1b.6 †, épouse 1763
Marie de Boissieu
1835

Henriette 1814 † 1865
Épouse Antoine-Allard du
Plantier 1808 † 1889

Guy-Allard
du Plantier
1842 †

Isabelle 1838 †
Épouse 1863, Félix
de Combarieux
1829 †

Henri de Comarieux
1864

Maria 1867

Henriette 1865 †
Épouse 1865
Paul Favre-Gilly

Albert 1836 † 1871,
épouse en 1866
Marie-Douarc
1843.

Pierre 1886
Hélène 1888

André 18

B

FAMILLE P.-F. GIROUD

Jules, 1819
épouse en
1847
Mathilde de
la Bruyère,
1824.

Henri
1820 † 1881
épouse en
1850
Cécile Dausse
1831 †

Emma, 1821
épouse en
1838
Alphonse
Ducruy
1804 † 1863.

D

Armand
1861 † 1862.

Marie
1863 † 1882.

F

Armand
1823 † 1863

Marc, 1866.

Pierre-François Giroud
1781 † 1846
épouse en 1818 Appolonie Borel
1799 † 1855,

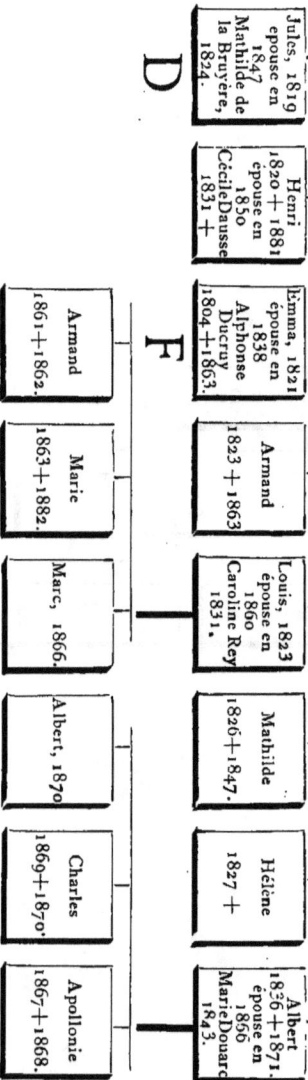

Louis, 1823
épouse en
1860
Caroline Rey
1831,

Mathilde
1826 † 1847.

Albert, 1870

Hélène
1827 †

Charles
1869 † 1870.

Apollonie
1867 † 1868.

D

FAMILLE
GIROUD, LA BRUYÈRE

Jules Giroud, 1819+1877, épouse en 1847 Mathilde de La Bruyère, 1824.

- Joseph, jésuite 1848+1885.
- Marie, 1849+1868.
- Paul, 1851, épouse en 1873 Jeanne Marklo f. 1861.
  - Mathilde, 184.
  - Jean, 1886. Paul, 1888.
- Louise, 185-, épouse en 1886 Louis Brunier, 1845.
- Elisabeth, sœur de St-V. de P. 1858+1888.
- Pierre, 1859, marié en 1889 à Isabelle Bonnel.
  - André, 1861. Régis, 1862+1863. Marthe, religieuse, 1853+1875. Stanislas, chartreux, 1865. Térèse, 1868.

F

FAMILLE
DUCRUY ET FAVRE-GILLY

Emma Giroud, 1821+1858. épouse en 1838 Alphonse Ducruy. 1804+1863.

Hélia, 1839+ épouse en 1861 Auguste Favre-Gilly. 1820+

Georges, 1863. Marie-Louise, 1865. Maurice, 1867+1868. Suzanne, 1870. Émile, 1870. André, 1873. Marthe, 1875. Gabrielle, 1877. Armand. 1881.

Marie, 1840+ épouse en 1863 Camille Descos u Colombier. 1832+1884.

Henri, 1871

Paul, 1862, épouse en 1885 Henriette Paris de Trafond d'Avancourt. 1865.

Pierre, 1886. Hélène, 1888.

FAMILLE GIROUD

A famille Giroud est originaire de Saint-Marcellin (Isère).

Un de ses membres était, en 1748, établi à Licudieu (canton de St-Jean-de-Bournay) et logeait François de Rivoire, directeur des verreries de Chambarand et ses ouvriers, nobles François et Antoine de Chambeuil.

Les Giroud ont habité longtemps Saint-Marcellin et furent toujours les bienfaiteurs de l'abbaye de Saint-Antoine, surtout quand l'abbé *Etienne Galand* essaya, de 1747 à 1765, d'arrêter la décadence du monastère.

N. Giroud fut ingénieur des mines, membre associé de l'Institut.

19

Pierre Giroud, né en 1756, à Saint-Marcellin, fut membre du conseil municipal de Grenoble, maire de cette ville, receveur général. Il est mort le 21 février 1841.

N. Giroud, sous-lieutenant d'infanterie, fut tué au combat de Nicopolis en Epire.

Les membres de cette famille se font remarquer aujourd'hui dans les divers services publics, dans la banque, dans l'industrie. Plusieurs se sont voués à l'état religieux et ont appelé sur tous, les bénédictions de la Providence.

FAMILLE FÉVRIER

A famille Février est dauphinoise. Le manuscrit de d'Hozier[1] (Dauphiné) donne les armes d'Etiennette *Février*, veuve d'Octavien Martiny, conseiller du roi à la Cour des comptes du Parlement : « *d'or au dauphin d'azur surmonté de deux roses de gueules.* »

La famille Février est alliée aux Dode (de St Geoire) dont le membre le plus connu est le maréchal Dode de la Brunerie[2]; aux Durand, aux Jullien, etc., etc.

Les Février se retrouvent de nos jours dans la magistrature, dans le barreau, dans l'armée, etc., etc.

[1] Bibliothèque nationale. Manuscrits.
[2] Dode, né le 20 avril 1775, à Saint-Geoire, promu baron de la Brunerie, décret du 19 mars 1808.

Le général de division Victor Février [1] grand croix et grand chancelier de la Légion d'honneur est aujourd'hui l'honneur de cette famille. Il a épousé Mademoiselle Isaure Allegret, petite fille de M. Jocteur Montrosier.

[1] Victor-Louis-François Février, né le 21 octobre 1823, à Grenoble (Isère).

FAMILLES TEISSEIRE & PÉRIER

A famille Périer est originaire du Dauphiné. Jacques Périer, mort vers 1755, appela le premier l'attention et s'enrichit dans le commerce. Marié en 1741 à Elisabeth Dupuy, il laissa trois fils et trois filles.

L'aîné de ses enfants, Claude Périer (né en 1742, mort en 1801), épousa, en 1767, Marie-Charlotte Pascal (née en 1749, morte en 1821). Ce fut ce Claude Périer, habile financier, très grand industriel, qui affirma l'importance de sa famille. Propriétaire du château de Vizille, il le mit à la disposition de l'assemblée du Dauphiné, en 1788.

Il fut membre du Corps législatif en 1799, et un des créateurs de la Banque de France. Il laissa huit fils et deux filles.

Les alliances de ces dix enfants furent nombreuses ; nous ne signalerons d'une manière particulière que le mariage de sa fille *Adélaïde-Hélène Marine*, (1779-1851) qui épousa, en 1794, Camille Teisseire, député. Leur fils aîné, Charles Teisseire (1797-1858), épousa, en 1831, Mathilde Colaud de la Salcette, quatrième fille du général de division de ce nom.

Nous ne saurions entrer dans des détails historiques sur ces familles considérables de nos régions ; nous nous contenterons de rappeler d'une manière générale que les familles Périer, Teisseire, etc., sont d'origine dauphinoise. Elles jouissaient d'une considération méritée avant la grande Révolution, mais ce fut surtout pendant le xixe siècle qu'elles surent conquérir les situations les plus élevées et les plus importantes.

Les Périer, les Teisseire, leurs alliés et descendants ont été pairs de France, députés, diplomates; ils ont brillé dans l'armée; ils ont été préfets, ingénieurs distingués, grands et habiles financiers, enfin, hommes politiques éminents.

Le plus célèbre de tous, Casimir Périer, né à Grenoble, en 1777, a été le 13 mars 1831, ministre secrétaire d'Etat et président du conseil sous le roi Louis-Philippe. Il est mort du choléra à Paris en 1832.

TABLE DES ALLIANCES
DE LA FAMILLE TEISSEIRE

Allizon	Famille	Teisseire	Tableau	J	Page ooo
André	—	Chaper	—	L	— ooo
Ball-Hughes	—	Joseph-André Périer	—	I	— ooo
De Berckheim	Famille	Périer	—	A	— ooo
Bergasse	—	Teisseire	—	F K	— ooo
De Beurmann	—	—	—	F J	— ooo
De Beylié	—	Chaper	—	L	— ooo
Blancard	—	Scipion-Antoine Périer	—	D	— ooo
Bocher	—	Joseph-André Périer	—	I	— ooo
Bonnard	—	Teisseire	—	F K	— ooo
De Brockwell	—	Scipion Antoine Périer	—	D	— ooo
De Brouville	—	Chaper et Marey	—	N	— ooo
De la Brosse	—	Chaper	—	L	— ooo
Carrier de la Buissière	—	Périer	—	A	— ooo
Chaper	—	Teisseire	—	F L	— ooo
De Champeron	—	Amédée-Joseph Périer	—	H	— ooo
Chevandier	—	Teisseire	—	J	— ooo
Clavel de Kergouan	—	Périer	—	A	— ooo
Baron de Coheorn	—	Teisseire	—	J	— ooo
Delphin	—	—	—	J	— ooo
Dietrich	—	Périer	—	A	— ooo

Dollé	—	Joseph-André Périer	—	I	—	ooo
Duchesne	—	Périer	—	A	—	ooo
Dumerlet	—	—	—	A	—	ooo
Baron Dupont Delporte	—	Teisseire	—	J	—	ooo
Dupuy	—	Périer	—	A	—	ooo
L'Écuyer	—	Joseph-André Périer	—	I	—	ooo
De La Fayette	—	Augustin Périer	—	B	—	ooo
De Fontenillat	—	Casimir Périer	—	E	—	ooo
Du Moustier de Fredilly	—	Amédée-Joseph Périer	—	H	—	ooo
De Gaillard Bancel	—	Chaper et Marey	—	N	—	ooo
De Gerando	—	Périer	—	A	—	ooo
Girard	—	—	—	A	—	ooo
Giroud	—	Alphonse Périer	—	G	—	oo
Gobert	—	Teisseire	—	J	—	ooo
Guellennec	—	Chaper	—	L	—	ooo
De Guillebon	—	Teisseire	—	K	—	ooo
Gueymard de Saliere	—	Périer	—	A	—	ooo
Chrétien de Helle	—	Teisseire	—	F	—	ooo
Abraham Jordan	—	Souche	—	A	—	ooo
Cte Morand de Jouffrey	—	Alphonse Périer	—	I	—	ooo
Baron de Jouvenel	—	Joseph-André Périer	—	I	—	ooo
Dodun de Keroman	—	—	—	I	—	ooo
Bon Giraud de Langlade	—	—	—	I	—	ooo
Colaud de la Salcette	—	Teisseire	—	F	—	ooo
Baron Le Lasseur	—	Joseph-André Périer	—	I	—	ooo
Bon de Chabaud Latour	—	Alphonse Périer	—	GP	—	ooo
Le Couteux de Canteleux	—	Périer	—	A	—	ooo
Loyer	—	—	—	A	—	ooo
Lyons	—	—	—	A	—	ooo

Magimel	—	Teisseire	—	K	—	ooo
De Magny	—	Alphonse Périer	—	G	—	ooo
De Marivault	—	Amédée-Joseph Périer	--	H	—	ooo
Marey	—	Chaper	—	LN	—	ooo
Le Masson	—	Teisseire et Rolland	—	M	--	111
Marquis de Montebello	—	Joseph-André Périer	—	I	—	111
De Mieulle	—	—	—	I	—	111
Pascal	—	—	—	A	—	111
Paturle	—	Casimir Périer	—	E	—	111
De Pistoye	—	Augustin Périer	—	B	—	111
Pertuisier	--	Teisseire	—	K	—	111
Alexandre Périer	—		—	A C	—	111
Alphonse Périer	—		—	A G	—	111
Amédée-Joseph Périer	—		—	A H	—	111
Augustin Périer	—		—	A B	—	111
Casimir Périer	—		—	A E	—	111
Joseph-André Périer	--		—	A I	—	111
Scipion Antoine Périer	—		—	A D	—	111
Claude Périer	—		—	A	—	111
Edmond Périer, fils de Joseph-André Périer			—	R	—	111
Maréchal comte Randon	—	Alexandre Périer	—	C	—	111
Comte de Ray de Ville	—	Joseph-André Périer	—	I	—	111
Comte de Remusat	—	Augustin Périer	—	B	—	111
Comte de Reneville	—	Alphonse Périer	—	G	—	111
Robert	—	Teisseire	—	J	—	111
Rolland	—	—	—	F M	—	111
Savoye de Rollin	—	Périer	—	A	—	111
Vte de Salignac Fénelon	—	Alexandre Périer	—	C	—	111
Pourcet de Sahune	—	Périer	—	A	—	111

20

Comte de Ségur	—	Casimir Périer	—	E	—	111
Campedon de Serviez	—	Amédée-Joseph Périer	—	H	—	111
De Tascher	—	Alphonse Périer	—	P	—	111
Teisseire	—	Périer	—	A F J	—	222
Terme	—	Alphonse Périer	—	G	—	222
Thibaud	—	Chaper	—	L O	—	222
Baron de la Tombelle	—	Amédée-Joseph Périer	—	H	—	222
De Tournadre	—	Périer	—	A F J G	—	222
De Traz	—	Casimir Périer	—	E	—	222
Marquis de Valfons	—	Alphonse Périer	—	G	—	222
Vitet	—	Scipion Antoine Périer	—	D	—	222

TABLEAU GÉNÉALOGIQUE

de la famille TEISSEIRE avec ses ascendants et ses descendants dans les familles Périer

Tableau	A		Famille Périer.
—	B	—	Augustin Périer.
—	C	—	Alexandre Périer.
—	D	—	Scipion Antoine Périer.
—	E	—	Casimir Périer.
—	F	—	Teisseire.
—	J	—	Charles Teisseire.
—	K	—	Teisseire Rameau Bergasse.
—	G	—	Alphonse Périer.
—	P	—	Alphonse Périer Rameau de Chabaud la Tour.
—	L	—	Teisseire Rameau Chaper.
—	N	—	Chaper Rameau Marey.
—	O	—	Chaper Rameau Thibaud.
—	H	—	Amédée-Joseph Périer.
—	I	—	Joseph-André Périer.
—	R	—	Joseph-André Périer, Rameau Edmond Périer.

Tableau A

FAMILLE PERIER

(1) Tige des familles Jordan.
(2) Tige de toute la descendance des
(3) Tige de tous les Duchesne, de N
   Bergasse, etc.

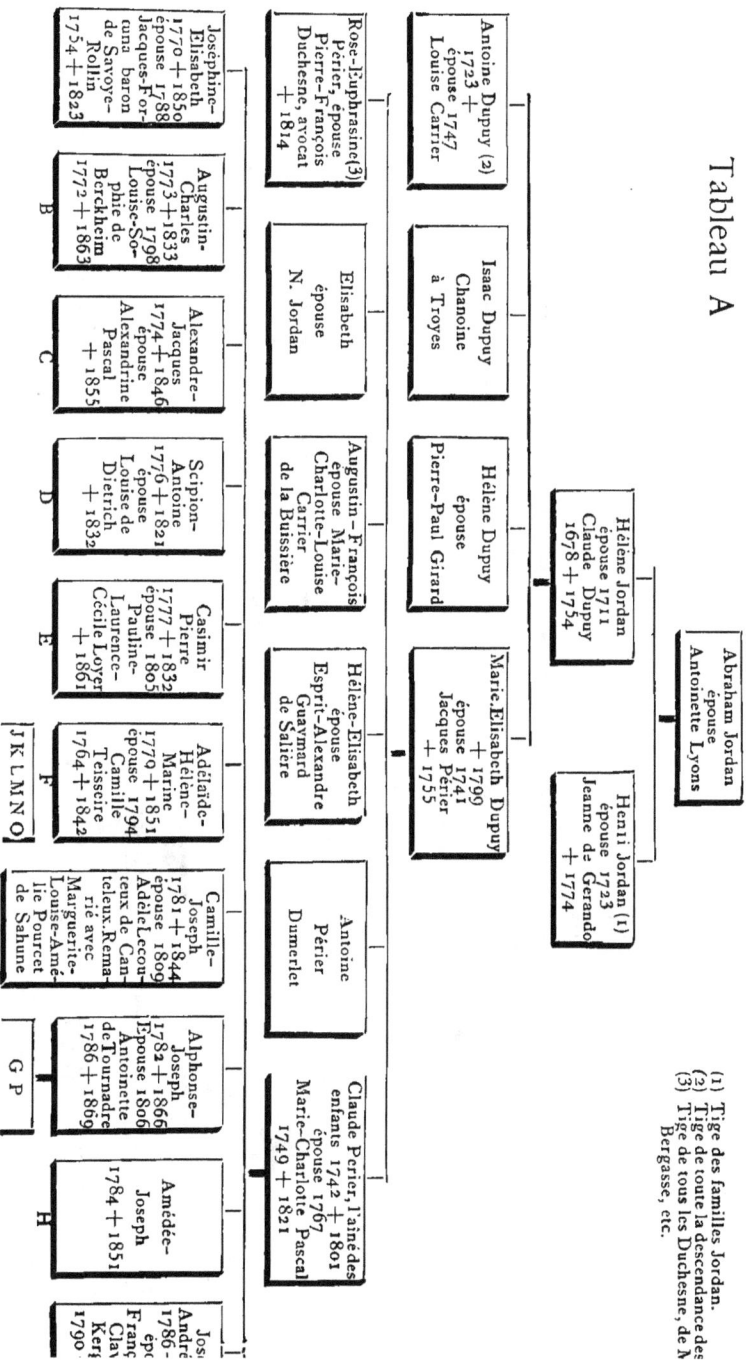

Abraham Jordan
épouse
Antoinette Lyons

Hélène Jordan
épouse 1711
Claude Dupuy
1678 + 1754

Henri Jordan (1)
épouse 1723
Jeanne de Gerando
+ 1774

Antoine Dupuy (2)
1723 +
épouse 1747
Louise Carrier

Isaac Dupuy
Chanoine
à Troyes

Hélène Dupuy
épouse
Pierre-Paul Girard

Marie-Elisabeth Dupuy
épouse 1799
Jacques Périer
+ 1755

Rose-Euphrasine(3)
Périer, épouse
Pierre-François
Duchesne, avocat
+ 1814

Elisabeth
épouse
N. Jordan

Augustin-François
épouse Marie-
Charlotte-Louise
Carrier
de la Buissière

Hélène-Elisabeth
épouse
Esprit-Alexandre
Guaymard
de Salière

Antoine
Périer
Dumerlet

Claude Perier, l'aîné des
enfants 1742 + 1801
épouse 1767
Marie-Charlotte Pascal
1749 + 1821

Joséphine-
Elisabeth
1770 + 1850
épouse 1788
Jacques-For-
runa baron
de Savoye-
Rollin
1754 + 1823

Augustin-
Charles
1773 + 1833
épouse 1798
Louise-So-
phie-
Berckheim
1772 + 1863
B

Alexandre-
Jacques
1774 + 1846
épouse
Alexandrine
Pascal
+ 1855
C

Scipion-
Antoine
1776 + 1821
épouse
Louise de
Dietrich
+ 1832
D

Casimir-
Pierre
1777 + 1832
épouse 1805
Pauline-
Laurence-
Cécile Loyer
+ 1861
E

Adélaïde-
Hélène-
Marine
1770 + 1851
épouse 1794
Camille
Teisseire
1764 + 1842
F   J K L M N O

Camille-
Joseph
1781 + 1844
épouse 1809
Adèle Lecou-
teux de Can-
teleux. Rema-
rié avec
Marguerite-
Louise-Amé-
lie Pourcet
de Sahune
G P

Alphonse-
Joseph
1782 + 1866
Épouse 1806
Antoinette
de Tournadre
1786 + 1869
H

Amédée-
Joseph
1784 + 1851

Jos
André
1786-
épo
Franç
Clav
Kerf
1790

Tableau B

AUGUSTIN PÉRIER

... épouse en 1798 Henriette-Louise-Sophie de Berckheim, 1772 +1863.

- Fanny, +1826, épouse en 1825 N. comte de Rémusat.
- Octavie, +1834.
- Amélie.
- Adolphe-Joseph-Scipion 1802 +1862, épouse en 1828 Nathalie de la Fayette 1804 +1878.
- Eugène-Fortuné-Paul, 1809 +1849.

- Sigismond de Sahune, 1849 +
- Marguerite, 1850 +1858.
- Jeanne, 1851.
- Gaston de Sahune 1856 + épouse en 1886 Juliette Liouville
- Octavie-Marie-Henriette, 1828 +1876, épouse en 1847 Sigismond de Sahune, 1810 +
- Marie, 1858, épouse en 1879 Louis de Pistoye.
- Henri, 1880. Marguerite, 1883.
- Paul, 1861.
- Amélie-Augustine, 1832 +1878 religieuse de St-Thomas de Villeneuve.
- Marthe, 1867, épouse en 1888 Henri, comte d'Ancourt.
- Jacques, 1868.

Tableau C

FAMILLE ALEXANDRE PÉRIER

- César-Joseph-Alexandre, 1808 +1862.
- Alexandre-Jacques Périer 1774 +1846 épouse Alexandrine Palca +1855.
- Clotilde, +1832, épouse en 1830 Jacques-Louis-César-Alexandre, maréchal de France, comte de Randon, 1705 +1871.
- Alexandrine-Louise-Amélie-Claire Randon, 1831 +, épouse en 1856, Jules-Victor-Anatole, vicomte de Salignac Fenelon, 1816 +1878.

- François, 1858.
- Marie, religieuse de l'Assomption.
- Geneviève, 1861 +1862.
- Henri-Marie-Raymond-Pierre, vicomte de Salignac Fenelon, 1863 + épouse en 1889 Gabrielle de France, 1866.
- Hugues, 1867 +1868.

FAMILLE SCIPION-ANTOINE PÉRIER — Tableau D

Scipion-Antoine Périer, 1776†1821 épouse Louise de Dietrich †1832.

- Alfred-Scipion-Louis-Claude-Augustin épouse en 1845 Mathilde Blancard.
- Georges, 1853.
- Édouard, †1865, épouse en 1848 Mathilde de Brockwell, veuve de N. Muelle.
- Hélène, épouse Casimir Périer III.
- Cécile-Adélaïde-Louise, 1814-†1858 épouse en 1832 Ludovic Vitet.

FAMILLE CASIMIR PÉRIER — Tableau E

Casimir-Pierre Périer, 1777†1832 épouse en 1805 Pauline-Laurence-Cécile Loyer. †1861.

- Thérèse-Casimir, 1844 épouse Louis, comte de Ségur.
- Jean-Casimir III, 1847, épouse Hélène Périer.
- Casimir II Auguste-Victor-Laurent, marié en 1834 à Adèle Paturle, †1835. Remarié en 1841 avec Camille de Fontenillat.
- Paul-Charles-Fortunat-Casimir, épouse en 1837 Camille Périer, fille de Joseph Périer.
- Claude, 1880. Germaine, 1881.
- Armand-Hippolyte-Pierre-Casimir, 1852†1884.
- Casimir.
- Marthe, 1845, épouse en 1863 Édouard de Traz.

FAMILLE TEISSEIRE, SOUCHE ACTUELLE — Tableau F

Adélaïde-Hélène-Marine Périer 1779†1851, épouse en 1794 Camille Teisseire, député, 1764†1842.

- Trois enfants, épouse Louis, comte de Ségur.
- Charles, 1797†1858, épouse en 1831 Mathilde Colaud de la Salcette, 1809†1867.
- Amélie, 1800†1881 épouse en 1818 Louis Bergasse, 1790†1861.
- Henriette-Antoinette, 1803 †1881, épouse en 1835 Achille-Pierre Chaper, préfet, 1795†1874.
- Josephine, 1804†1823 épouse Chrétien de Helle, contre-amiral, 1783†
- Marie-Alexandrine, 1803†1823.
- Emmanuel-Paul, 1809†1870, épouse en 1856 CamilleBonnard, veuve Durand, 1819†
- Louise, 1814- épouse en 18.. Charles-F Rolland, 1801†188.

Trois enfants, 2 fils et une fille morts en bas âge.

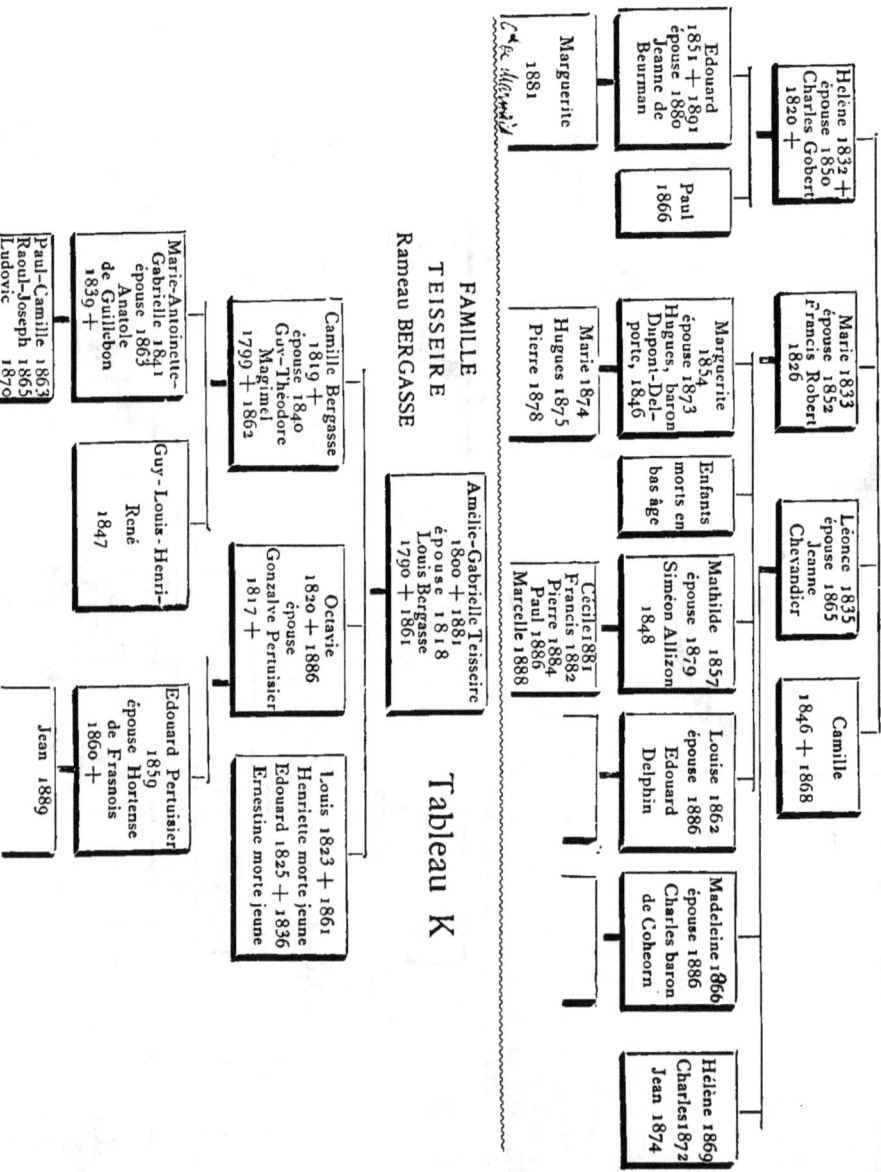

FAMILLE TEISSEIRE
Rameau BERGASSE

Tableau K

Amélie-Gabrielle Teisseire 1800 + 1881 épouse 1818 Louis Bergasse 1790 + 1861

- **Camille Bergasse 1819 + 1881 épouse 1840 Guy-Théodore Magimel 1799 + 1862**
  - **Marie-Antoinette-Gabrielle 1841 épouse 1865 Anatole de Guillebon 1839 +**
    - Paul-Camille 1863 +
    - Raoul-Joseph 1865 +
    - Ludovic 1870
  - **Guy-Louis-Henri-René 1847**

- **Octavie 1820 + 1886 épouse Gonzalve Pertusier 1817 +**
  - **Edouard Pertusier 1859 épouse Hortense de Frasnois 1860 +**
    - Jean 1889

- **Hélène 1832 + épouse 1850 Charles Gobert 1820 +**
  - **Edouard 1851 + 1891 épouse 1880 Jeanne de Beurman**
    - Marguerite 1881
  - **Paul 1866**

- **Marie 1833 épouse 1852 Francis Robert 1826**
  - **Marguerite 1854 épouse 1873 Hugues, baron Dupont-Delporte, 1846**
    - Marie 1874
    - Hugues 1875
    - Pierre 1878
  - **Enfants morts en bas âge**

- **Léonce 1835 épouse Jeanne Chevandier**
  - **Mathilde 1857 épouse 1879 Siméon Allizon 1848**
    - Cécile 1881
    - Francis 1882
    - Pierre 1884
    - Paul 1886
    - Marcelle 1888
  - **Louise 1862 épouse 1886 Edouard Delphin**

- **Camille 1846 + 1868**
  - **Madeleine 1866 épouse 1886 Charles baron de Coheorn**
    - Hélène 1869
    - Charles 1872
    - Jean 1874

FAMILLE
ALPHONSE PÉRIER

Tableau G

Alphonse-Joseph-Périer, 1782+1866
épouse en 1806 Antoinette de Tournadre,
1786+1869.

L

P

Elisa, 1810, épouse en 1831
Henri-Prosper Giroud, 1799+1879.

Valentine Giroud Périer, 1837
épouse en 1857 Eugène Chaper, député,
1857.

Mathilde, 1812, épouse en 1831
Ernest, baron de Chabaud La Tour,
1804+1885.

Marie Giroud Périer, 1840
épouse en 1862 Camille, marquis Mattei
de Valfons, 1837.

Nathalie Giroud Périer, 1835
épouse en 1855 Gabriel de Putte Cote,
comte de Reneville, 1824.

Henri, 1856.

Ludovic, 1857
épouse en 1881
Marguerite Terme.

Charles, 1882.
Gabrielle, 1884.
Pierre, 1885.

Edmond, 1858.

Valentine, 1863
épouse en 1884,
Ch. de Magny, 1855.

Louise, 1885.
Emmanuel, 1887.

Clémentine, 1863
épouse en 1885, N.
Cte Morand de Jouffray

Elisabeth.
Camille.

Marie-Antoinette.
Jeanne, 1871.
Henri, 1873.
Ernest, 1876.

FAMILLE ALPHONSE PÉRIER
RAMEAU DES CHABAUD LA TOUR

Mathilde Périer, 1812
épouse en 1831 Ernest, baron de Chabaud
La Tour, 1804+1845.

Arthur, 1839, épouse en 1861
Clémentine de Tascher.

Marie, 1842+1860.

Georges, né en 1862.
Marguerite, 1863+1875.
Raymond, 1865.
Joséphine, 1866, épouse en 1888
Paul, comte de Choulot et a un
fils en 1889.
Antoinette.

Mathilde.
Maurice.
Marie.
Thérèse.
Maria de las Mercédès.
Geneviève.

Tableau P

FAMILLE TEISSEIRE
Rameau CHAPER

Tableau L

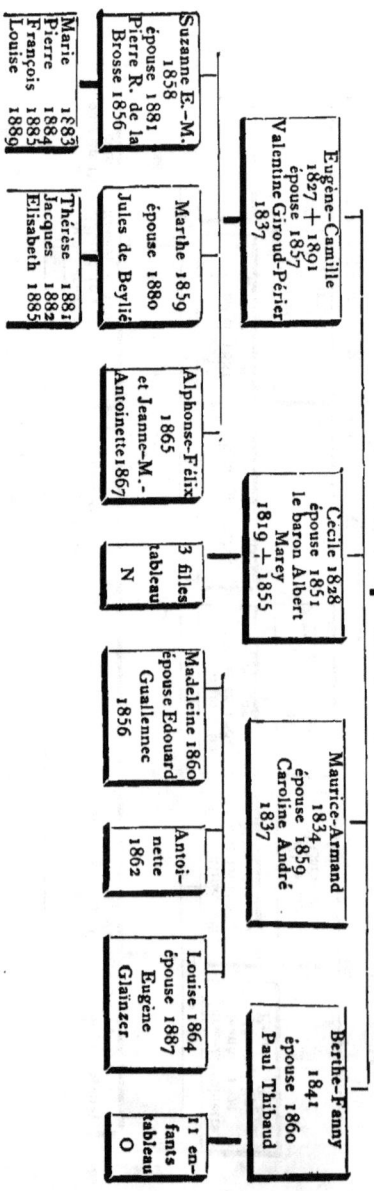

Antoinette-Marie-Henriette Teisseire
1803 † 1881
épouse 1825
Achille-Pierre-Marie Chaper
1795 † 1874

Eugène-Camille
1827 † 1891
épouse 1857
Valentine Giroud-Périer
1837

Cécile 1828
épouse 1851
le baron Albert
Marey
1819 † 1855

Maurice-Armand
1834
épouse 1859
Caroline André
1837

Berthe-Fanny
1841
épouse 1860
Paul Thibaud

Suzanne E.-M.
1858
1827 † 1891
épouse 1881
Pierre R. de la
Brosse 1856

Marthe 1859
épouse 1880
Jules de Beylié

Alphonse-Félix
1865
et Jeanne-M.-
Antoinette1867

3 filles
tableau
N

Madeleine 1860
épouse Edouard
Guallennec
1856

Antoi-
nette
1862

Louise 1864
épouse 1887
Eugène
Glaïnzer

11 en-
fants
tableau
O

Marie   1883
Pierre   1884
François   1885
Louise   1889

Thérèse   1881
Jacques   1882
Elisabeth 1885

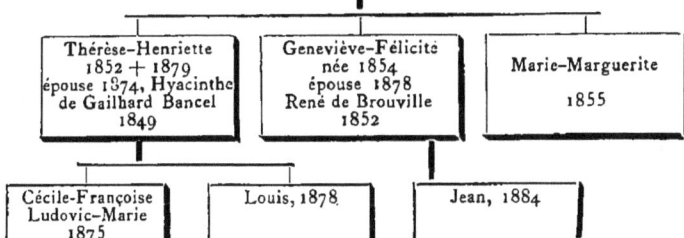

FAMILLE CHAPER

Rameau MAREY

Cécile Chaper 1825
épouse 1851
Albert Marey
1819 + 1855

9 1851

Tableau N

Thérèse-Henriette
1852 + 1879
épouse 1874, Hyacinthe
de Gailhard Bancel
1849

Geneviève-Félicité
née 1854
épouse 1878
René de Brouville
1852

Marie-Marguerite

1855

Cécile-Françoise
Ludovic-Marie
1875

Louis, 1878

Jean, 1884

FAMILLE CHAPER

Rameau THIBAUD

Berthe-Fanny Chaper
1841
épouse 1860
Paul Thibaud

Tableau O

Humbert	né	1862	Marguerite	née	1876
Alice	—	1864	Joseph	—	1878
Adrien	—	1866	Germaine	—	1880
Pierre	—	1868	André	—	1882
Marie	—	1870	Raymond	—	1886
Henri	—	1871			

Tableau H

FAMILLE
AMÉDÉE-JOSEPH PÉRIER

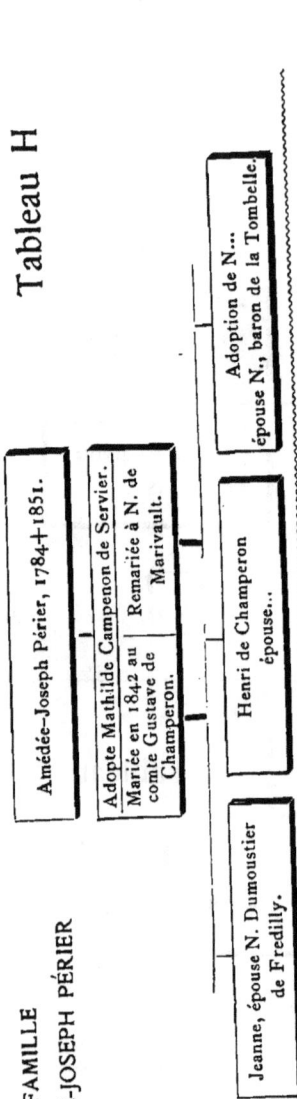

Tableau I

FAMILLE
JOSEPH-ANDRÉ PÉRIER

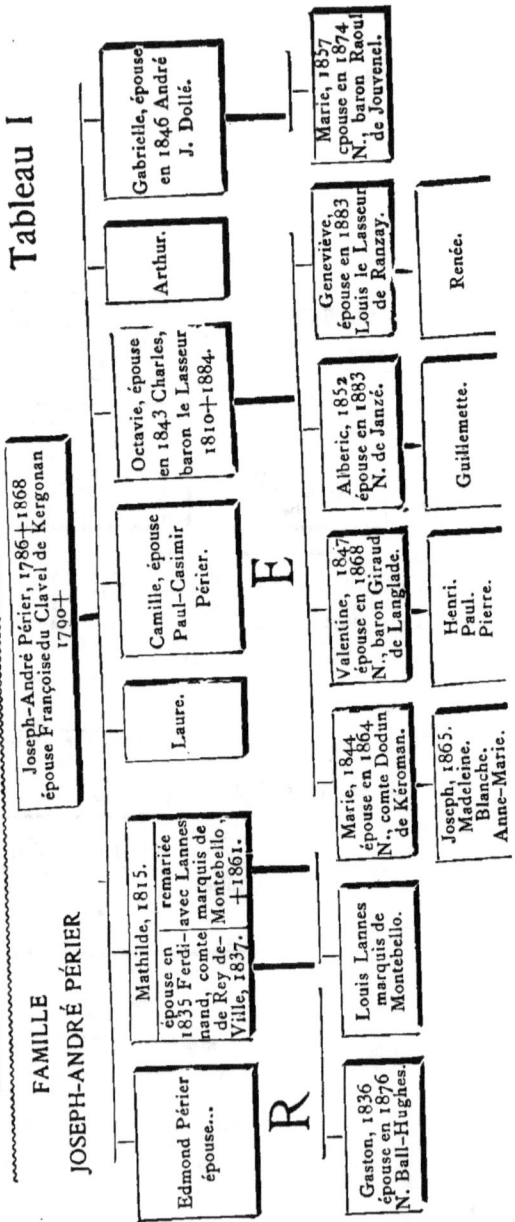

FAMILLE JOSEPH-ANDRÉ PÉRIER. RAMEAU EDMOND PÉRIER

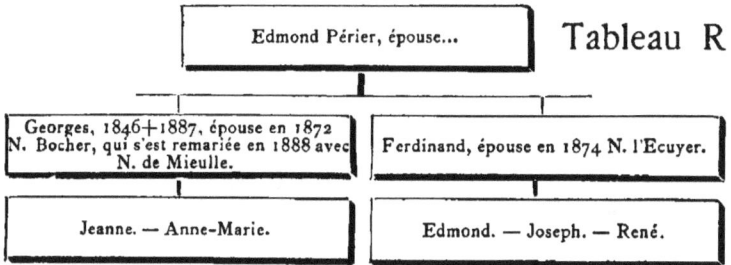

Edmond Périer, épouse...

Tableau R

Georges, 1846+1887, épouse en 1872 N. Bocher, qui s'est remariée en 1888 avec N. de Mieulle.

Ferdinand, épouse en 1874 N. l'Ecuyer.

Jeanne. — Anne-Marie.

Edmond. — Joseph. — René.

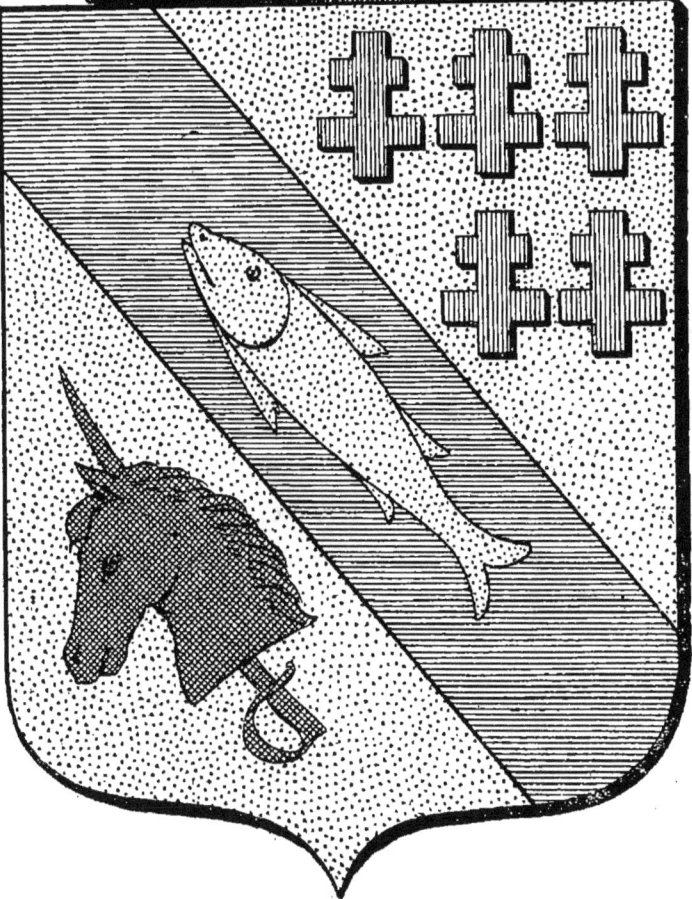

FAMILLE DU GÉNÉRAL VICOMTE
PISCATORY DE VAUFRELAND

Nous croyons que la famille Piscatory est d'origine italienne, sans pouvoir préciser l'époque de son arrivée en France.

Nous avons trouvé, dans les mémoires de l'Académie de Marseille, plusieurs documents qui semblent prouver que de très nombreuses et anciennes familles italiennes se sont réfugiées, pendant les xive et xve siècles, à Toulon, à La Ciotat, à Marseille et dans les petites villes voisines. On retrouve dans les assemblées ou réunions communales [1], de cette époque beau-

---

[1] Archives de la Ciotat. Assemblée ou parlamentum du 3 octobre 1379 On voit figurer : Pontius Marini; Joannes Marini; les Fabri (Fabre); Cruveleri (Cruvelier); Sicardi (Sicard); Abelhe (Abeille); Brunetti (Brunet);

coup de noms italiens qui appartiennent aujourd'hui aux princes de la finance et du commerce marseillais.

Les Marini qui avaient quitté Gênes, à la suite des luttes ardentes des factions Fregoso et Adorno, s'installèrent à la Ciotat. Cette famille y prospéra, un de ses membres qui épousa une Cruvelleri en prit le nom, et obtint du roi René en 1474, par lettres patentes, la possession héréditaire du territoire et du port de Feugueirolles avec le droit exclusif d'y pêcher [1].

Ces Cruvelieri, qui se livraient non seulement à la pêche, mais au commerce dans les Echelles du Levant et venaient au secours de leurs compatriotes, reçurent les surnoms de Précatori (protecteur), Piscatori (pêcheur) [2].

Le nom de Piscatory figurait au siècle dernier sur les murs d'une rue du vieux Marseille.

Carbonelli (Carbonel), etc., etc., dans le parlementum de 1540 on trouve encore : les Gaymardi (Gaymard) ; Blancardi (Blancard) ; de Breho (de Breo), etc.

[1] Les anses de Feugueirolles, du Graudet, du petit Mugeau, du Pré, de Ceireste (portus Cytheristaœ), de la Ciotat (Sieutat), sont situées sur la côte entre La Ciotat et Marseille.

Le hameau de la Ciotat faisait partie du terroir et de la communauté de Ceireste, comme l'indique le dénombrement d'Antonius Arena, imprimé à Avignon en 1536.

[2] Piscatori, Piscor, pêcheur (Plaute).

Precatori, precor, protecteur, (id).

Ce sont des souvenirs que nous avons dû rappeler, sans oser les souder aux origines de la famille qui nous occupe.

Plus tard, dans le xvie siècle, on trouve le chevalier Adicimo Pescatore, qui fut tué en 1565, pendant le siège que le grand maître Jean de La Valette eut à soutenir, à Malte, contre les Turcs. Ses armes portaient « d'azur à un poisson d'argent posé en bande, au chef d'or chargé d'un aigle de sable[1].

Le bienheureux docteur Alexandre de Suzagne, si connu par les miracles qui lui sont attribués, était aussi fils d'une Piscatore, qui mourut le 7 mai 1607.

Un Piscatory de Provence fut conseiller du roi Louis XII.

En 1583, Louise Piscatory épousa noble Claude-Antoine de Beausset, seigneur de Rochefort, gouverneur du château d'If, dont le fils fut consul de Marseille en 1647. Le testament de Louise Piscatory a été conservé. Il fut passé le 15 juillet 1636, par devant Me Laurent, notaire royal à Barsoux. Elle laissa toute sa fortune à son fils dont le mariage avait eu lieu le 12 sept. 1624.

Philippe V, roi d'Espagne, après la mort de sa première femme, épousa le 24 décembre 1714, Elisabeth

---

[1] Martyrologe des chevaliers de St-Jean de Jérusalem, de Mathieu de Goussecourt.

21

Farnese qui amena avec elle sa nourrice Laura Piscatory. La reine en fit sa confidente, et on raconte qu'elle ne fut pas étrangère au départ de la princesse des Ursins, en 1714, et à la chute du cardinal Alberoni en décembre 1719.

La branche française des Piscatory continua pendant le XVIII⁰ siècle à faire partie du haut commerce marseillais.

Vers 1700, une alliance s'établit entre les familles de Rouillé et Piscatory.

Mademoiselle Périnet[1] devenue Madame Rouillé de Meslay donna à son mari deux fils : Monsieur Rouillé de l'Etang et Monsieur Rouillé de Marigny et aussi trois filles : Marie-Adélaïde, née en 1736 qui épousa M. Piscatory, banquier à Marseille, Mademoiselle de Rouillé du Bouché, décédée en 1826, Mademoiselle Rouillé de Vàufreland.

Deux branches seulement survécurent :

1⁰ Celle de M. Rouillé de Marigny, dans laquelle une fille, Henriette, née en 1771 et morte en 1849,

---

[1] Les Périnet appartiennent à une très ancienne famille.

Perinet de Vaulx servait, en 1468, dans la compagnie d'Aymar de Poisieu, sous les ordres du lieutenant-général comte de Roussillon, gouverneur du duché de Normandie.

Bibliothèque nationale, *Manuscrits Français*, n⁰ 25,779, — n⁰ 13.

épousa le comte Hyde de Neuville, né en 1776, mort en 1857. Nous cesserons de nous en occuper.

2° L'autre branche qui est plus particulièrement l'objet de cette notice historique, fut féconde, et nous allons l'étudier.

Marie-Adelaïde de Rouillé donna, le 30 juin 1764, à son mari, son second fils Achille-Victor-Fortuné, que nous retrouverons plus loin. Il reçut, le jour de sa naissance, le nom de Vaufreland, petit fief de la famille.

Son fils aîné, qu'on appela du vivant de son père Beltin, nom provenant également d'une seigneurie de famille, était, le 25 septembre 1793, payeur-général au ministère de la guerre. Il épousa plus tard Madame veuve Arcambal, née de la Haye, dont il eut Théobald qui fut député, ministre plénipotentiaire en Grèce en 1844; pair de France en 1846 et ambassadeur en Espagne en 1847. Théobald est mort en 1870; il avait épousé Blanche, fille du célèbre général Foy.

Théobald laissa deux enfants : Rachel Piscatoy qui épousa M. Trubert et Isabelle qui s'allia à son oncle le général Max Foy.

Marie-Adélaïde de Rouillé eut encore un troisième enfant, *Adelaïde-Anne-Louise*, née en 1766, morte en 1844. Elle fut élevée par son oncle M. Rouillé de l'Estang et épousa, le 14 juillet 1789, Claude-Emmanuel-

Joseph-Pierre, marquis de Pastoret, né en 1766, mort en 1840.

Ils n'eurent qu'un fils, Amédée, qui épousa à son tour Alphonsine-Alexandre de Montfermeil.

Nous avons connu les derniers membres de la famille de Pastoret et nous nous y arrêterons un instant.

MARQUIS & MARQUISE DE PASTORET

Madame la marquise de Pastoret (Anne-Louise-Adélaïde) née en 1766, morte en 1844, était une femme accomplie. Elle fut célèbre par son esprit, sa beauté et sa charité. On ne sait pas assez que ce fut elle qui eut l'idée de fonder les crêches et les salles d'asile pour les enfants pauvres de Paris. Elle créa les premières et ne cessa jamais, jusqu'à sa mort, de les entretenir de ses libéralités.

Quant à son mari, voici rapidement quelques notions certaines sur sa famille et sur lui-même.

La famille de Pastoret est très ancienne. Jean, né en 1328, mort en 1405, fut un de ceux qui contribuèrent le plus à remettre Paris sous l'obéissance du dauphin

Charles en 1358. Il devint premier président du Parlement de Paris et membre du conseil de régence, pendant
la minorité de Charles VI. Il fut, par ordre du roi,
inhumé à St-Denis.

Claude-Emmanuel-Joseph-Pierre, marquis de Pastoret, né à Marseille en 1756, était un descendant de
cette famille. Très distingué et instruit, il fut élu membre de l'Académie des inscriptions et belles lettres, en
1784, à 28 ans. Ami de Turgot, de Malesherbes, il
devint, en 1791, procureur syndic du département de
la Seine. C'est lui qui fit rendre le décret qui trans-
forma l'église Ste-Geneviève en Panthéon, et c'est lui
qui composa l'inscription célèbre que l'on lit encore
aujourd'hui sur la frise du fronton : « *Aux grands
hommes, la Patrie reconnaissante.* »

Paris le nomma à l'assemblée législative, dont il fut
le premier président. Il se maria à Saint Germain-
l'Auxerrois, à 6 heures du matin, le 14 juillet 1789, le
jour même de la prise de la Bastille. Menacé par les
évènements révolutionnaires, il émigra pendant la
Terreur, et ne rentra en France qu'en 1795.

Député du Var au Conseil des Cinq cents, il fut
victime du coup d'Etat du 18 fructidor (4 sept. 1797) et
se réfugia en Suisse.

Revenu en 1800, il devint sénateur en 1809 et pair

de France en 1815. Il entra à l'Académie française en
1820. Louis XVIII le nomma grand croix de la Légion
d'honneur, membre du conseil de tutelle des enfants du
duc de Berry, et Charles X, chancelier de France en
1829.

Il rentra, après 1830, dans la vie privée et mourut
en 1840. Il a laissé plusieurs ouvrages dont le plus
connu est l'*Histoire générale de la législation des anciens
peuples* (1817-1837) 11 volumes in-8°.

Sa vie fut constamment simple, frugale, studieuse
et par dessus tout charitable. Il partagea les soins pieux
de sa compagne et la dirigea dans toutes les fondations
auxquelles elle attacha son nom.

Le fils unique du précédent, Amédée-David, marquis de Pastoret, né le 2 janvier 1791 à Paris, passa
par le Conseil d'Etat.

Il administra, en 1813, les pays allemands au delà
de l'Elbe. Plus tard gentilhomme titulaire de la Chambre (1820), conseiller d'Etat (1825), membre de l'Institut
1828, etc.

En 1830, il rentra comme son père dans la vie
privée, fut administrateur, en France, des biens du
comte de Chambord et mourut à Paris le 19 mai 1857.

Il avait épousé Alphonsine-Alexandre de Montfermeil qui ne lui donna qu'une fille Marie qui est devenue la compagne d'Hervé de Rougé, marquis du Plessis Bellière. Elle est décédée, en 1890, au château de Moreuil (Somme) sans laisser de descendance.

GÉNÉRAL PISCATORY

VICOMTE DE VAUFRELAND

Achille-Victor-Fortuné Piscatory de Vaufreland, né le 30 juin 1764 eut pour parrain son oncle Etienne-Jacques Rouillé de Marigny, receveur des Gabelles à Sancerre, et pour maraine Marguerite-Emilie, fille de défunt Jean de Rouillé.

Il prit du service dans les hussards de Berchiny, devint sous-lieutenant en 1790 et capitaine le 1ᵉʳ août 1792. Employé aux armées du Nord et du Rhin et dans les Alpes, il fut aide de camp du général de La Bourdonnaye, prit rapidement tous les grades et fut promu général le 25 prairial an III.

Traversant à cette époque Embrun avec son collè-

22

gue et ami le général de La Salcette, il eut l'occasion de connaître la nièce de son ami, mademoiselle Pauline-Elisabeth-Eléonore de Cressy, née le 28 octobre 1778. Il l'épousa le 9 thermidor an III.

Mis en suspicion à cause de son nom pendant ces temps troublés, il fut mis en réforme pendant trois ans. Replacé le 23 septembre 1796, il devint chef d'Etat-major général de l'armée des Alpes commandée par Championnet.

Le 18 brumaire an XII, il reçut le commandement de la subdivision du Calvados et de l'arrondissement de Grandville. Désigné de nouveau pour l'armée du Nord, il ne cessa d'en faire partie qu'au moment de sa dissolution, le 1er février 1806, pour devenir major général de la 4e légion de la réserve de l'intérieur.

Le 29 avril 1809, il reçut l'ordre de partir sans délai pour le corps d'observation réuni sur les bords de l'Elbe, puis, le 8 décembre 1809, pour une nouvelle destination, à la 2e division du 8e corps de l'armée d'Espagne, sous les ordres du général duc d'Abrantès.

Peiné et contrarié de ce dernier déplacement subit, il adressa quelques observations au ministère de la guerre. La réclamation, présentée avec tous les ménagements possibles, fut mal accueillie et l'empereur qui ne pouvait supporter la plus faible discussion de ses ordres, le mit brutalement d'office à la retraite le 3 janvier 1810.

Ce fut une crise grave dans la vie du général. Rendu à la vie civile, à l'âge de 46 ans et forcé au repos pendant que ses camarades parcouraient l'Europe, il s'abandonna à une politique d'opposition active et désira vivement le retour des Bourbons.

Nous rappelerons rapidement ici, qu'au moment de l'ouverture du congrès de Châtillon (4 février et 18 mars 1814), la France était épuisée. Les Anglais possédaient Bordeaux, les Autrichiens, Lyon, etc., etc. Le prince de Talleyrand proposa aux Anglais la rentrée des Bourbons. Les souverains ennemis y consentirent, et le comte d'Artois, averti par lord Castelreagh, se mit en route pour Paris.

Les évènements se succédèrent avec une rapidité vertigineuse. Pendant que quelques bandes de partisans se montraient en Vendée, les royalistes, et parmi eux le général de Vaufreland, préparèrent à Paris, le retour de Louis XVIII.

Le 25 mars 1814, les alliés marchèrent sur Paris et livrèrent la bataille du 30 mars. Le 31 mars, le duc de Raguse accepta une suspension d'armes. Une capitulation fut signée par les colonels Fabrier et Denis, au nom des Maréchaux, duc de Trévise, de Raguse et par les comtes Orlowf et Paer, au nom des alliés. Enfin les armées étrangères entrèrent à Paris.

Au nom de la vieille monarchie, un gouvernement provisoire s'organisa dans la capitale le 1ᵉʳ avril, et le général Dupont prit le ministère de la guerre.

Les derniers jours du premier empire étaient finis. Le Sénat décrèta le 3 avril : que Napoléon était déchu du trône, le droit d'hérédité aboli dans sa famille, le peuple français et l'armée déliés du serment de fidélité. Les alliés exigèrent une abdication qui fut signée le 11 avril. Enfin Napoléon fit ses adieux à sa garde, le 20 avril, à Fontainebleau, quitta la France le 23 et arriva à l'île d'Elbe le 4 mai.

Pendant cette courte période, le comte d'Artois était entré à Paris, le 12 avril et Louis XVIII y arrivait à son tour le 3 mai 1814, signait le 30 du même mois le traité qui lui rendait la France et le 4 juin la charte de 1814.

Le général de Vaufreland, qui s'était mis à la disposition du gouvernement provisoire et du général Dupont, fut de suite rendu à l'activité, le 3 juin 1814, et placé dans la disponibilité du cadre de l'état-major général.

Pendant les deux Restaurations et les Cent jours, il ne reçut ni commandement, ni lettre de service, et le 30 décembre 1818, époque à laquelle il eut 30 ans de

service accompli, le roi lui accorda une retraite défini-
tive et le grade de lieutenant général (1er nov. 1826,
Bulletin des lois 128 bis).

Il avait été créé vicomte héréditaire par ordonnance
royale du 3 février 1815, « l'écu tiercé en bande, le
« premier d'argent à cinq croix de Lorraine de gueules;
« le deuxième d'azur au poisson d'or, le troisième d'or
« à la tête de cheval de trois quarts traversée en bande
« d'un sabre courbé la pointe haute, de sable. L'écu
« timbré d'une couronne de vicomte. »

Lors de la création de l'ordre de la Légion d'honneur, le général de Vaufreland avait fait partie de la
promotion des commandeurs, et Louis XVIII lui donna,
le 19 juillet 1814, la croix de chevalier de St-Louis[1].

Le général mourut à Paris du choléra, le 30 avril
1832, à l'âge de 68 ans.

De son mariage avec Pauline-Elisabeth-Eléonore
de Cressy, le général n'eut que trois enfants : Ludovic
qui continua la filiation et qui suit, Georges et Ernest
mort dans sa première jeunesse.

Georges prit du service dans l'armée française et se
retira comme capitaine de cuirassiers de la garde royale.

[1] Toute la carrière militaire du général a été reproduite à l'aide de son
dossier. Archives du ministère de la guerre. Personnel.

Il épousa Mademoiselle Louise Smith d'Ergny dont il eut deux enfants :

1° Fortuné qui fut maître des requêtes au conseil d'État et a épousé Mademoiselle Clary qui lui a donné un fils et quatre filles dont l'aînée a épousé à son tour, en 1889, le baron Baude.

2° Marguerite qui est devenue la marquise de Forbin des Issards. Elle a un fils et deux filles dont l'aînée, Marie-Odette, a épousé, en 1889, le comte de Marcellus. La cadette, Louise, s'est mariée la même année avec le comte de Chevigné.

LUDOVIC
VICOMTE DE VAUFRELAND

E vicomte Ludovic de Vaufreland, né le 8 octobre 1796, à Embrun, débuta brillament dans la vie, et entra dans la magistrature comme substitut, le 9 juillet 1817. Il passa rapidement à Rambouillet, Coulommiers, Auxerre et à Paris, le 9 janvier 1822. Promu substitut du procureur général à la Cour royale de Paris, le 14 mai 1823 et avocat général à cette Cour le 28 novembre 1827, il fut fait chevalier de la Légion d'honneur, le 28 octobre 1829, à 33 ans.

Mis en évidence par un talent oratoire de premier ordre et un esprit des plus cultivés, il fut appelé au poste très important de secrétaire général du ministère de la justice le 2 juin 1830, conseiller d'Etat en service extraordinaire, etc.

Il ne connut les fameuses ordonnances de juillet 1830, que par le Moniteur et devant la candeur de son ministre, M. de Chantelauze, qui n'avait rien prévu, ni rien préparé, il ne put que s'incliner, prévoir et annoncer l'effroyable débâcle qui allait, en un instant, balayer de nouveau la branche aînée des Bourbons.

Il donna sa démission le 26 juillet 1830. Charles X le nomma membre du Conseil de famille de Monseigneur le duc de Bordeaux et de Mademoiselle. Le jeune prince, à sa majorité, le chargea, de concert avec MM. de Vatimesnil et des Glajeux, de surveiller ses intérêts en France.

Il épousa, le 29 août 1825, Athénaïs-Marie-Françoise Sanegon, fille de M. Auguste-Marie-Toussaint Sanegon et de Anne-Marie-Rose Coindre. Les témoins de son mariage furent M. le marquis de Pastoret, vice-président de la Chambre des pairs et Antoine Baron de Piscatory, ses oncles.

Il laissa quatre enfants, deux fils et deux filles :

1° Ernest qui suit.

2° Auguste, qui est né le 4 septembre 1837, a été préfet pendant plusieurs années, a épousé Mademoiselle

Lucie Martell[1] qui lui a donné un fils et une fille.

3° Pauline, qui a épousé le comte de Suzannet et lui a donné trois enfants : Louis, qui à son tour a épousé Mademoiselle French; Henriette, devenue baronne de Bussière, et Constance, qui est devenue la compagne du comte du Lau d'Allemans.

4° Louise qui a épousé M. de Bellomayre, conseiller d'Etat et qui n'a pas eu d'enfant.

[1] Petite fille du pair de France de ce nom, 1840.

23

ERNEST, VICOMTE PISCATORY

DE VAUFRELAND

RNEST, né le 2 août 1831, a eu pour parrain son oncle le baron Georges de Vaufreland et pour marraine Anne-Marie Buisson, veuve Faure, sa trisaïeule maternelle.

Il a épousé, en 1863, Mademoiselle Marie Taigny qui lui a donné une fille, Pauline, qui est devenue comtesse de Larochefoucauld.

Le vicomte Ernest de Vaufreland quitta l'armée en 1863, comme lieutenant, pour se marier; mais il reprit du service pendant la guerre de 1870-71. Il prit part à la longue et rude campagne de la Loire, comme lieutenant et comme capitaine, et lorsque la paix fut signée, il rentra dans ses foyers sans vouloir accepter aucune récompense.

Henri Piscatory de Vaufreland. né en 1874, et son père le baron Auguste de Vaufreland, né en 1837, forment désormais la descendance directe.

FAMILLE DU VICOMTE
LUDOVIC DE VAUFRELAND

TABLEAU **A**

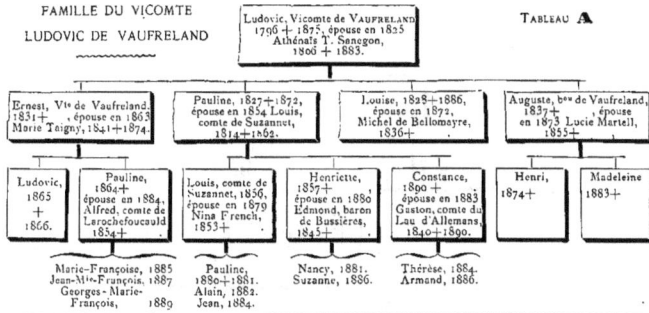

Ludovic, Vicomte de VAUFRELAND
1796 † 1875, épouse en 1825
Athénaïs T. Sanegon,
1806 † 1883.

Ernest, Vte de Vaufreland,
1831† , épouse en 1863
Marie Taigny, 1841†1874.

Pauline, 1827†1872,
épouse en 1854 Louis,
comte de Suzannet,
1814†1862.

Louise, 1828†1886,
épouse en 1872,
Michel de Bellomayre,
1836†

Auguste, bon de Vaufreland,
1837† , épouse
en 1873 Lucie Martell,
1855†

Ludovic,
1865
†
1866.

Pauline,
1864†
épouse en 1884,
Alfred, comte de
Larochefoucauld
1854†

Louis, comte de
Suzannet, 1856,
épouse en 1879
Nina French,
1853†

Henriette,
1857†
épouse en 1880
Edmond, baron
de Bussières,
1845†

Constance,
1890 †
épouse en 1883
Gaston, comte du
Lau d'Allemans,
1840†1890.

Henri,
1874†

Madeleine
1883†

Marie-François, 1885
Jean-Mie-François, 1887
Georges-Marie-
François, 1889

Pauline,
1880†1881.
Alain, 1882.
Jean, 1884.

Nancy, 1881.
Suzanne, 1886.

Thérèse, 1884.
Armand, 1886.

FAMILLE DU BARON
GEORGES DE VAUFRELAND

TABLEAU **B**

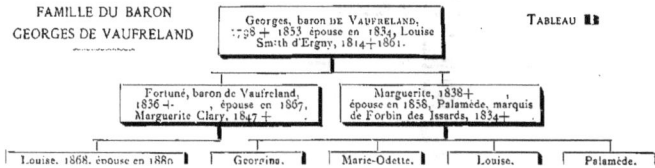

Georges, baron de VAUFRELAND,
1798 † 1853 épouse en 1834, Louise
Smith d'Ergny, 1814†1861.

Fortuné, baron de Vaufreland,
1836 † , épouse en 1867,
Marguerite Clary, 1847†

Marguerite, 1838†
épouse en 1858, Palamède, marquis
de Forbin des Issards, 1834†

Louise, 1868, épouse en 1880

Georgins.

Marie-Odette.

Louise.

Palamède.

FAMILLE DE ROUILLÉ

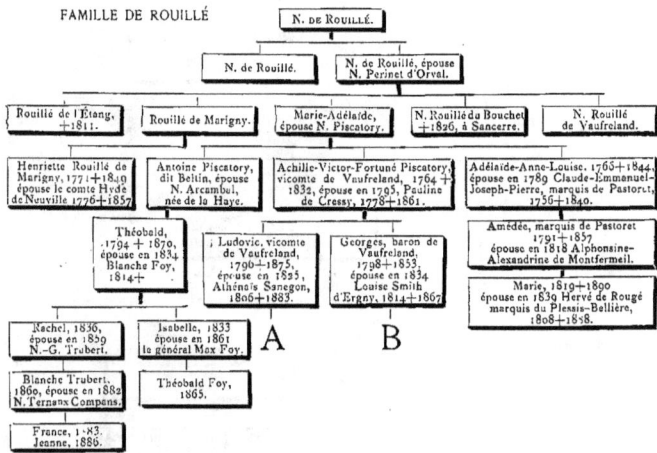

FAMILLE DE PERINET

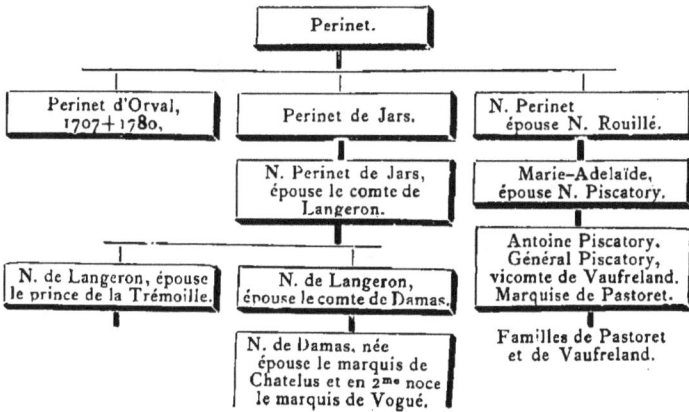

Perinet.

- **Perinet d'Orval,**
  1707+1780,

- **Perinet de Jars.**
  - N. Perinet de Jars,
    épouse le comte de
    Langeron.
    - N. de Langeron, épouse
      le prince de la Trémoille.
    - N. de Langeron,
      épouse le comte de Damas.
      - N. de Damas, née
        épouse le marquis de
        Chatelus et en 2me noce
        le marquis de Vogué.

- **N. Perinet**
  épouse N. Rouillé.
  - Marie-Adelaïde,
    épouse N. Piscatory.
    - Antoine Piscatory.
      Général Piscatory,
      vicomte de Vaufreland.
      Marquise de Pastoret.
      - Familles de Pastoret
        et de Vaufreland.

PIÈCES ANNEXES

~~~~~~~~~~~

ÉTATS DE SERVICES
DU LIEUTENANT-GÉNÉRAL PISCATORY
VICOMTE DE VAUFRELAND

~~~~~~~~~~~

Né le 30 juin 1764.

Sous-lieutenant, 29 mars 1790.

Capitaine, 1er août 1792.

Adjudant-général, 5 septembre 1792.

Général de brigade, 25 prairial, an III.

Chef d'Etat-major de l'armée des Alpes, 23 septembre 1796.

Employé à l'armée d'Italie, 5 mars 1800.

Détaché dans la 14e division militaire, 1er vendémiaire an x.

Envoyé à l'armée du Nord, 27 brumaire an XIV.

Envoyé au corps d'observation de l'Elbe, 29 avril 1809.

Passé au 8e corps de l'armée d'Espagne, décembre 1809.

Admis à la retraite, 3 janvier 1810.

Remis à l'activité, 3 juin 1814.

Admis à la retraite, 9 août 1826.

Lieutenant-général, 1er novembre 1826.

CAMPAGNES

Armée du Nord, 1792-1793.
Armée du Rhin, an ii et an iii.
Armée des Alpes, an vii.
Armée d'Italie, an viii et an ix.
Armée du Nord, an xiv, 1806 et 1809.

ALLIANCES DE LA FAMILLE
DU GÉNÉRAL VICOMTE DE VAUFRELAND

NOTICE SUR LES BAUSSET
SEIGNEUR DE ROQUEFORT

Cette famille, originaire d'Aubagne, s'établit à Marseille vers 1550. Son auteur serait, dit-on, Pierre Bausset qui acheta avec Pierre Albertas la terre de Roquefort. Ses rejetons ont donné des officiers supérieurs, des commandants de vaisseau, des conseillers d'Etat, des ambassadeurs, un évêque de Béziers, deux de Fréjus, un archevêque d'Aix et un évêque d'Alais membre de l'Académie française, cardinal et pair de France.

24

RENOUARD DE BUSSIERRE

A famille Renouard de Bussierre est originaire de Bretagne. Elle se fixa en Berry
au XVIᵉ siècle. Deux de ses représentants
embrassèrent la religion réformée et prirent
part au siège de Sancerre par l'armée royale en 1573.

Une branche de cette famille resta catholique et
son chef s'établit en Franche-Comté, il épousa N. Périnet, fille de l'intendant de la Province. Leur héritier
direct Edmond baron de Bussierre, chef du nom et des
armes, a épousé, en 1880, Henriette de Suzannet.

L'autre branche se fixa en Alsace. Les membres les
plus connus sont :

— Le baron Alfred Renouard de Bussierre (1804-1887),
 banquier, député, etc., sa fille la comtesse Pourtales
 a figuré dans l'intimité de la cour impériale de
 Napoléon III.

— Le baron Léon de Bussierre, ancien conseiller d'Etat.

— Le baron Edmond R. de Bussierre, ambassadeur et pair de France, mort en 1889.

Leurs armes sont : « d'argent à l'aigle éployée de « sable, surmontée de trois étoiles de gueules en chef. »

La devise : « *Non renuo ardua.* »

NOTE SUR LA

FAMILLE DE CHEVIGNÉ

LA maison de Chevigné tira son nom de la baronnie de Chevigné dans le duché de Lancastre. On la trouve établie en Bretagne dès l'an 1130, époque à laquelle vivait François de Chevigné, chevalier, marié à Catherine de Chateaubriant.

Elle a fait ses preuves pour les honneurs de la Cour, en 1785, et compte, parmi ses rejetons, des chevaliers à l'époque féodale, deux chevaliers de l'ordre du roi; un gentilhomme ordinaire de la Chambre; un lieutenant général des armées et plusieurs officiers; un évêque de Seez; des chevaliers de St-Louis, etc.

La branche aînée est représentée par le marquis de Chevigné, marié à Mademoiselle de Campagne en 1882.

Le comte de Chevigné qui a épousé le 27 mai 1889, Mademoiselle Louise de Forbin est le chef de la branche cadette. Il est fils de feu Arthur-Louis-Marie, comte de Chevigné, aide de camp du général de La Moricière, et de Alexandrine-Marie-Thérèse Hurault de Vibraye décédée.

Armes : De gueules à quatre fusées d'or accompagnées de huit besans d'or dont quatre en chef et quatre en pointe.

FAMILLE CLARY

A famille Clary est originaire de Montéli-mar (Drôme). Elle occupait une grande situation dans cette ville, à la fin du XVIIᵉ siècle.

En 1696, Barthélemy Clary était conseiller du roi et assesseur en la mairie de Montélimar.

Le 27 août 1716, par acte reçu chez Mᵉ Faujas, notaire à Montélimar, un membre de la famille Clary fonda à perpétuité dans le sanctuaire de Notre-Dame-de-la-Rose (près Montélimar) une messe basse avec un *de profundis* à la fin, pour tous les samedi de chaque semaine. Il fixa pour cette fondation la rétribution de

8 sols pour chaque messe, avec un revenu annuel de 20 livres 16 sols pour les 52 messes.

Nous laisserons aux érudits et aux chercheurs le soin de fixer le moment précis où cette famille s'établit à Marseille. Leurs armes furent enregistrées et elles existent dans les minutes de d'Hozier[1] : *d'or au chevron d'azur accompagné de trois roses de gueules 2 et 1; au chef d'azur chargé d'un soleil naissant du milieu du chef.*

Sous le premier Empire la famille a conservé les mêmes armes, en remplaçant le chevron et les roses par un aigle de sable et prenant pour devise : *Recte age, dicant.*

Nous ne retracerons pas ici l'historique des Clary depuis 1790.

Julie Clary de Marseille épousa, en 1794, Joseph Bonaparte. Elle fut l'admirable et fidèle compagne de ses grandeurs et de son adversité.

Eugénie Clary épousa le général Bernardotte qui devint roi de Suède.

Le chef de cette famille est aujourd'hui (1891) le

[1] Archives de d'Hozier, Bibliothèque nationale à Paris. Département des manuscrits. Dauphiné.

comte Adolphe Clary, descendant direct du frère aîné des reines d'Espagne et de Suède.

Le baron Fortuné de Vaufreland a épousé, en 1867, Marguerite Clary, née en 1847, fille du comte François Clary et de Sidonie Talabot.

25

FAMILLE CLARY

assesseur de la mairie de Montélimar, conseiller du roi.

Joseph Clary, 1697 + 1748, épouse Agnès Amaulry et vient habiter Marseille.

François Clary, 1725 + 1794, est échevin de Marseille en 1764.

épouse en 1res noces Gabrielle Fléchon.

en 2es noces Françoise-Rose-Marseille de Somis.

Etienne, comte Clary Fr., épouse Catherine Marseille Guey.

D'où : La baronne Lo-jeanne, mère de la Redorte et ses descendants. Le baron Lejeune, écuyer de Napo-léon III. Madame Clé-ment de Ris, etc. La baronne Tascher de la Pa-gerie, mère de la baronne de Mont-brun.

Joachim Clary, père du vicomte Adolphe Clary, officier d'ordon-nance du prince impérial Napo-léon III. Général Marius Clary.

Marie-Thérésa Catherine C., née 1755, épouse Guillaume, comte Lejeans, sénateur.

D'où : La comtesse Lejeans, etc.

Marie-Jeanne comte Clary, en 1res noces épouse N. Lejeans et en 2es noces N. de Pluvinel.

Nicolas, comte Clary, 1864, épouse Meley Rouyer.

Marie-Anne Rose-Marseille, 1864, épouse en 1786 le baron Anthoine de St-Joseph.

D'où : La duchesse de Crès. La duchesse d'Albuféra. Le général ba-ron de St-Joseph.

Julie, 1771 + 1845, épouse en 1794 Joseph Bonaparte roi d'Espagne.

D'où : Charlotte, 1802 +1839, qui épouse Louis Bonaparte, fils aîné du roi de Hollande. Zénaïde, 1801 +1854, qui épouse en 1822 le prince de Canino et donne naissance à une très nom-breuse descen-dance.

Eugénie, 1777 + 1860 épouse en 1793, Bernadotte, deve-nu Charles XIV roi de Suède.

D'où : La maison ré-gnante de Suède.

N. née... épouse N. comte de Villeneuve.

A

François, comte Clary, 1814 + 1889 épouse Sidonie Talabot.

Justinien, vicomte Clary.

Nicolas, baron Clary 1821 + 1870.

Zénaïde, née... épouse Berthier, prince de Wagram.

1 Archives de la mairie de Montélimar, histoire de Montélimar du baron de Coston.

2 Archives de la paroisse St-Ferréol, pour les actes de la famille Clary, de 1748 à 1800.

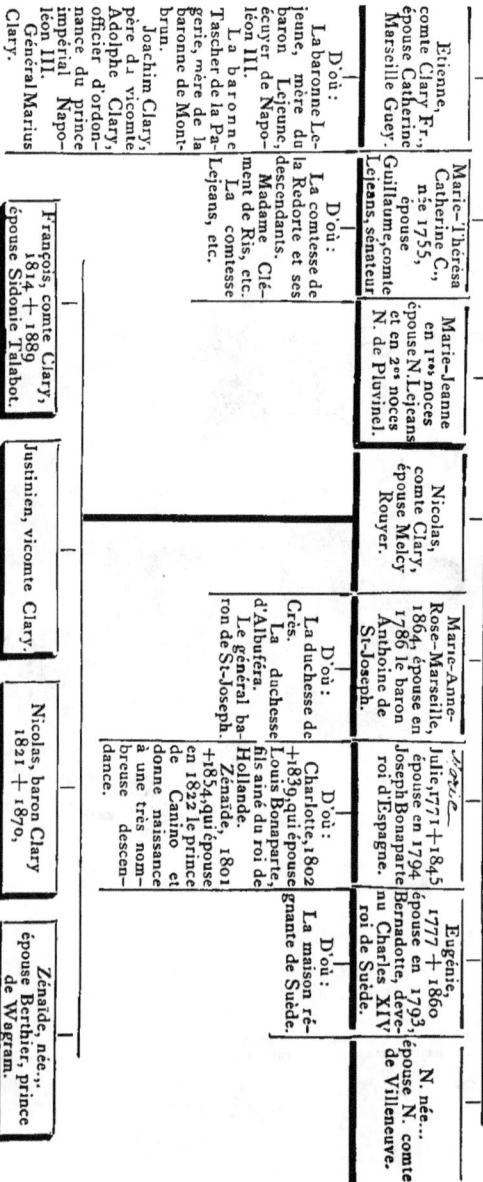

FAMILLE CLARY
(Suite.)
BRANCHE DU COMTE
FRANÇOIS CLARY

TABLEAU A

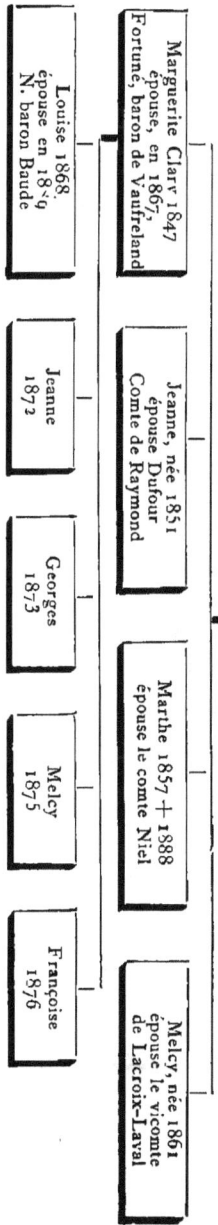

François, comte Clary
1814 † 1889
épouse Sidonie Talabot

Marguerite Clary 1847, épouse, en 1867, Fortuné, baron de Vaufreland

Jeanne, née 1851 épouse Dufour Comte de Raymond

Marthe 1857 † 1888 épouse le comte Niel

Melcy, née 1861 épouse le vicomte de Lacroix-Laval

Louise 1868. épouse en 18·9 N. baron Baude

Jeanne 1872

Georges 1873

Melcy 1875

Françoise 1876

FAMILLE DE FORBIN

A famille de Forbin a tenu le premier rang parmi les plus illustres de la Provence.

Elle a produit plusieurs branches : les Forbin des Issarts, les Forbin Janson, les Forbin La Barben, les Forbin d'Oppède, etc.

Le plus illustre de leurs enfants, le grand Palamède, seigneur de Soliès fut premier ministre du roi Charles IV d'Anjou, comte de Provence, roi de Naples, et il engagea son souverain à choisir Louis XI pour son héritier universel.

Après la mort de Charles IV en 1508, Palamède prit possession de la Provence au nom de Louis XI, qui lui laissa le gouvernement de ses nouveaux domaines, avec un pouvoir presque absolu, en lui disant : *Tu m'as*

25.

fait comte, je te fais roi, paroles dont la maison de Forbin à fait sa devise : *Comite ego regem, me comes regem*.

On peut signaler dans cette noble famille :

— Henri de Forbin, seigneur baron d'Oppède, petit fils par sa femme du grand Palamède, né en 1620, mort en 1671, premier président du Parlement de Provence.

— Le comte Claude de Forbin, né en 1656, mort en 1733, chef d'escadre.

— Le cardinal de Forbin-Janson, 1625-1713.

— Louis, chevalier, puis bailly de Forbin, maréchal de camp, le 25 février 1677, lieutenant-général le 27 avril 1684.

— Joseph de Forbin, marquis de Janson, maréchal de camp du 26 octobre 1704.

— Michel de Forbin, marquis de Janson, maréchal de camp du 1er mars 1738.

— Joseph Palamède de Forbin, marquis de Janson, maréchal de camp du 1er mars 1780.

— Michel Palamède de Forbin Janson, maréchal de camp en 1791 et lieutenant-général le 29 octobre 1814.

La branche des Forbins qui nous intéresse, d'une

manière plus particulière, est celle des Forbin des Issarts.

Le marquis de Forbin des Issarts, né à Avignon en 1770, mort en 1851, entra tout jeune dans la marine royale, quitta la France au début de la grande Révolution et prit du service dans la marine espagnole.

Revenu en 1803, il fut, en 1814, nommé chevalier de St-Louis et lieutenant des gardes du corps. Député de Vaucluse en 1815, il devint maréchal de camp le 17 août 1822, et pair de France, le 5 novembre 1827.

Son dernier est seul descendant, le marquis Palamède de Forbin des Issards, a épousé, en 1858, Marguerite de Vaufreland.

Armes : « d'or au chevron d'azur, accompagné de trois têtes de léopard de sable arrachées, languées et allumées de gueules. »

NOTE SUR LA FAMILLE DU

COMTE DE MARCELLUS

ADEMOISELLE Marie-Odette de Forbin des Issarts a épousé, le 6 février 1889, le comte Louis Demartin du Tyrac de Marcellus, l'aîné des deux seuls représentants de la branche cadette de la famille.

La branche aînée a pour chef le comte de Marcellus, habitant le château de Marcellus (Lot-et-Garonne). Elle n'a pour représentants que lui et son neveu, le vicomte de Marcellus.

La famille Demartin du Tyrac de Marcellus est originaire de Saintonge, où les ruines de l'ancien château du Tyrac existent encore, elles appartiennent toujours au comte Louis de Marcellus et à son frère cadet, le comte Pierre de Marcellus. La famille s'établit, à une époque déjà fort reculée en Guienne, où fut construit le château de Marcellus. Les terres qui entouraient le château s'augmentèrent lors du démembrement du duché d'Albret de plusieurs domaines qui en faisaient partie ; ils furent octroyés à peu près à titre gracieux à la famille de Marcellus, en reconnaissance des services rendus par ses membres à la cause du Béarnais. Une dame de Marcellus, qui vivait à la cour de Jeanne d'Albret, eut même l'honneur de servir de nourrice au jeune Henri IV pendant une maladie de sa mère.

Deux Marcellus furent tués plus tard à Arques et à Ivry.

Les Marcellus ont fourni à la France plusieurs officiers, deux évêques, l'un à Vannes, l'autre à Périgueux. Deux lieutenants-généraux gouverneurs du roi en Guyenne, un pair de France sous la Restauration, ami particulier du duc d'Angoulême. Un érudit, le comte Lodoïs de Marcellus qui, étant dans la diplomatie encore jeune, reçut l'ordre, en 1820, de visiter les échelles du Levant. Ce fut pendant cette mission, le 25 mai 1820, qu'il découvrit et enleva la Vénus victorieuse de Milo et l'offrit au roi.

Le comte Lodoïs de Marcellus avait épousé une demoiselle de Forbin de la branche de La Barben, c'est donc la seconde alliance entre les deux familles, qui a été célébrée le 6 février 1889, lors du mariage du comte Louis de Marcellus, fils aîné de feu le vicomte H. de Marcellus et de vivante Gabrielle du Rosay, avec Mademoiselle Marie-Odette-Louise de Forbin des Issarts.

Armes : « De gueules à la tour donjonnée d'or ».

FAMILLE HYDE DE NEUVILLE

A famille *Hyde de Neuville* descend de Richard Hyde, fils de Laurence Hyde (Earl of Rochester). Son père fut Edouard Hyde, comte de Clarendon (1608-1674), qui devint lord chancelier d'Angleterre et fut admis à la Pairie (1661) avec les titres de vicomte de Cornbury et de comte de Clarendon.

Richard le second fils fut député d'Irlande, épousa Judith, fille de sir E. Carrey, chancelier du comté de Sussex. De ce mariage naquit Olivier Hyde, capitaine de vaisseau de la marine royale, qui épousa Marie-Alice Spring, fille de lord Howton, de laquelle naquirent trois fils :

— Antony le plus jeune fut tué au siège de Carak-

26

Main en Irlande; il eut deux fils, sir Hyde Esquire, lieutenant de vaisseau tué en 1734 dans un combat naval, et sir J. Hyde, résidant à Sancerre en Berry dans le royaume de France.[1]

Armes : D'or au chef de sable.

[1] *The Britich compendium or a particular account of all the present nobility.* 2ᵉ édition 1719.
Mémoires et souvenirs du baron Hyde de Neuville Plon, 1888.

FAMILLE DU LAU D'ALLEMANS

L A famille du Lau d'Allemans est originaire du Béarn, depuis le xve siècle elle s'est fixée dans le Périgord où elle a toujours occupé une situation très importante et réalisé les plus belles alliances avec les maisons de Pons, La Porte, Beaupoil St-Aulaire, Lambertye et d'Aubusson, etc., etc.

N. du Lau d'Allemans a épousé le duc de Lorges, grand-père du duc actuel de ce nom.

Le dernier descendant de cette famille N. comte du Lau d'Allemans a épousé Constance de Laforest de Suzannet.

Leurs armes portent : d'or au laurier à trois branches de sinople, au lion léopardé de gueules, brochant sur le fut de l'arbre, à la bordure d'azur chargée de quinze besants d'argent.

Leur devise : Vaillance mène à la gloire.

26.

FAMILLE DE LA ROCHEFOUCAULD

L'ANCIENNE et illustre famille de La Rochefoucauld a pris son nom d'un bourg de l'Anjou, elle se rattache par la tradition à la maison de Lusignan. Elle a fourni un grand nombre de branches.

Ci-après le tableau généalogique de ceux qui nous intéressent d'une manière plus particulière :

Dans la famille du duc de Larochefoucauld, il y a d'autres branches :

La branche des ducs d'Estissac.

    id.   des ducs de Doudeauville.

    id.   des Bayers et de Cousage.

Les frères et sœurs du duc, chef de ce nom sont :

1° Olivier, comte de Larochefoucauld, né en 1796, a un fils Guy (né en 1855) qui a épousé Marie de Mortemart.

2° Frédéric, comte de Larochefoucauld, né en 1802, a eu une fille en 1844 qui est devenue princesse de Sarsina (de la famille des princes Borghèse).

3° Hippolyte, comte de Larochefoucauld, né en 1804, a eu deux fils : *Gaston*, né en 1834 qui a épousé N. Cavendish, et *Aimery*, né en 1843, qui a épousé Henriette Mailly-Nesle de Mailly-Nesle.

4° Sophie, née en 1799, mariée en 1824 au marquis de Castelbajac, lesquels ont eu pour enfants : la duchesse Oudinot de Reggio et le comte de Castelbajac qui a épousé 1° Nalfonso, mère de la marquise de Breteuil morte en 1885 et 2° N. de Valon..

5° Yolande, a eu un fils Odet, comte de Montault qui a épousé Agnès de Rohan. Ils ont eu deux filles : 1° Clémence qui est devenue comtesse d'Etchegoyen; 2° Isaure qui est la comtesse Léon Mkiszech.

Les armes : Burelé d'argent et d'azur, à trois chevrons de gueules brochant sur le tout.

FAMILLE DU
DUC DE LA ROCHEFOUCAULD

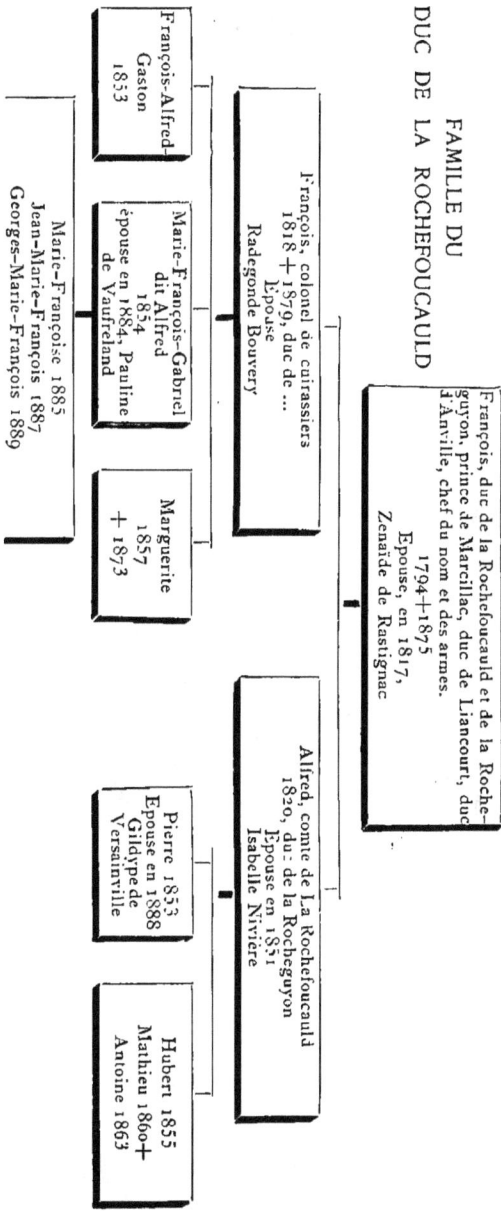

François, duc de la Rochefoucauld et de la Rocheguyon, prince de Marcillac, duc de Liancourt, duc
d'Anville, chef du nom et des armes.
1794+1875
Epouse, en 1817,
Zenaïde de Rastignac

François, colonel de cuirassiers
1818 + 1879, duc de ...
Epouse
Radegonde Bouvery

Alfred, comte de La Rochefoucauld
1820, du: de la Rocheguyon
Epouse en 1851
Isabelle Nivière

François-Alfred
Gaston
1853

Marie-François-Gabriel
dit Alfred
1854
épouse en 1884, Pauline
de Vaufreland

Marguerite
1857
+ 1873

Marie-Françoise 1885
Jean-Marie-François 1887
Georges-Marie-François 1889

Pierre 1853
Epouse en 1888
Gildype de
Versainville

Hubert 1855
Mathieu 1860+
Antoine 1863

NOTE SUR LA

FAMILLE PASTORET

Jean Pastoret était, en 1301, avocat au Parlement de Paris. Son petit fils Jean fut premier président du Parlement de Paris et membre du Conseil de Régence sous Charles VI. Il mourut en 1405. L'arrière petit-fils du précédent, Antoine, suivit Charles VIII et Louis XII en Italie ; il se fixa plus tard en Provence.

Emmanuel, comte puis marquis de Pastoret, né le 25 octobre 1756, à Marseille, mort le 28 septembre 1840 à Paris, était fils d'un lieutenant-général de l'amirauté dans les mers de Provence. Il devint ministre d'Etat et membre du Conseil privé en 1826 et chancelier de

France en 1829. Le roi Charles X le choisit en 1834 pour tuteur des enfants du duc de Berry.

Amédée de Pastoret, fils du précédent, est mort en 1857, conseiller d'Etat, membre de l'Académie des Beaux-Arts, etc.

Armes : d'or à la barre de gueules chargée d'un berger d'argent, son chien couché sur une terrasse de même et ayant la tête tournée vers le berger. Deux chiens de berger pour support, avec la devise donnée par le roi Louis XVIII : *Bonus semper et fidelis.*

NOTE SUR LA

FAMILLE PERINET

L A famille Perinet est originaire de Sancerre. Le membre le plus connu de cette
famille est Jean-Charles Perinet d'Orval
né à Sancerre en 1707, mort en 1780. Il
devint capitoul de Toulouse en 1758. Il a laissé la
réputation d'un savant chimiste. Il fit une étude particulière de la pyrothechnie et a publié sur cette partie
plusieurs ouvrages :

Essais sur les feux pyrothechniques, Paris, 1745.
Traité des feux   id.   Berne, 1750.
Manuel id.   id.   Neufchatel, 1755.

NOTE SUR LA
FAMILLE DE ROUILLÉ

EAN Rouillé, 1er comte de Meslay, était intendant de province, conseiller d'Etat. Il mourut à Paris en 1698. Son fils né en 1656 fut magistrat, conseiller au Parlement de Paris en 1679. Il se démit de sa charge pour s'occuper des sciences. Il légua 150.000 livres à l'Académie des sciences.

— Rouillé du Coudray, cousin du précédent (1651-1729), fils de l'intendant du Poitou, fut conseiller au grand Conseil, procureur général en la Chambre des comptes, directeur des finances.

— Le frère du précédent, Rouillé, seigneur de Marbeuf et Saint-Seine, (né en 1657 mort en 1712) fut lieutenant-général des eaux et forêts en 1683. Président au grand Conseil en 1694, et ambassadeur en Portugal en 1697.

— Pierre-Antoine Rouillé, fils du précédent, mort en 1733 fut pendant vingt ans président au grand Conseil

— P.-J. Rouillé fut ministre d'Etat en 1753.

Cette famille s'est éteinte en 1866 par la mort du dernier Rouillé, marquis de Boissy.

Armes : d'azur à six fleurs de lis d'or 3 et 3.

27.

FAMILLE DE LA FOREST DE SUZANNET

L A famille de la Forest de Suzannet est originaire de l'Isle de Ré. Elle se fixa ensuite en Poitou.

Louis de Beaumont de la Forest fut archevêque de Paris, en 1472.

— Jacob d'Asnières, écuyer, seigneur de Villefranche, épousa par contrat passé au château de Gorces, le 3 juin 1655, Elisabeth de La Tour (famille illustre originaire de Bohême), fille de messire Jean de La Tour, seigneur de Gorces et de dame Françoise de Suzannet.

— Le contre-amiral N. de Suzannet prit part à la guerre de l'indépendance d'Amérique.

— N. Baron de La Forest de Suzannet, qui épousa Mademoiselle de Caumont, fut l'ami particulier du roi Louis XVIII et l'accompagna à Gand en 1815.

Son fils, Constant comte de La Forest de Suzannet, né en 1773, fut tué en 1815 pendant les guerres de la Vendée au combat de la Roche-Servières. Il avait épousé en 1811 Esther de Loynes d'Auteroche, qui lui donna deux enfants : Louis, comte de la Forest de Suzannet qui suivra, et Félicie, née en 1812, qui se maria en 1832, avec Achille, comte de Beaumont d'Autichamp.

Louis, comte de la Forest de Suzannet, né en 1814, fut nommé, en 1827, pair de France par Charles X. Il épousa, en 1854, Pauline Piscatory de Vaufreland qui lui donna trois enfants :

Louis, né en 1856 qui est aujourd'hui chef de famille et a pris pour compagne *Nina French.*

Henriette qui a épousé le baron de Bussières, et *Constance* qui s'est mariée avec le comte du Lau d'Allemans.

Les armes de la famille sont d'argent à trois merlettes de sable avec la devise, *veritas semper veritas.*

FAMILLE DE SUZANNET

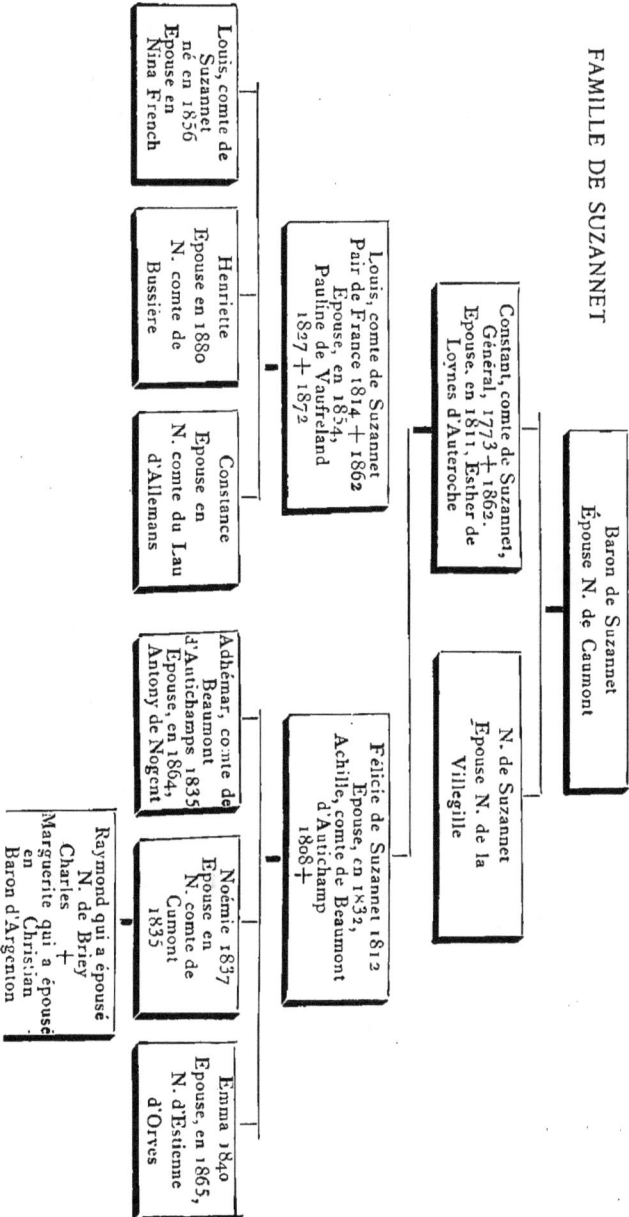

Baron de Suzannet
Épouse N. de Caumont

Constant, comte de Suzannet,
Général, 1773 + 1862.
Épouse, en 1811, Esther de
Loynes d'Auteroche

N. de Suzannet
Épouse N. de la
Villegille

Louis, comte de Suzannet
Pair de France 1814 + 1862
Épouse, en 1854,
Pauline de Vaufreland
1827 + 1872

Félicie de Suzannet 1812
Épouse, en 1832,
Achille, comte de Beaumont
d'Autichamp
1808 +

Louis, comte de
Suzannet
né en 1856
Épouse en
Nina French

Henriette
Épouse en 1880
N. comte de
Bussière

Constance
Épouse en
N. comte du Lau
d'Allemans

Adhémar, comte de
Beaumont
d'Autichamps 1835
Épouse, en 1864,
Antony de Nogent

Noémie 1837
Épouse en
N. comte de
Cumont
1835

Emma 1840
Épouse, en 1865,
N. d'Estienne
d'Orves

Raymond qui a épousé
N. de Briey
Charles
+
Marguerite qui a épousé
en
Christian
Baron d'Argenton

LES CRESSY

SEIGNEURS DE PRASLON ET DES CROTTES

ᴇs Cressy sont originaires du pays de Vaud. Ils étaient seigneurs du lieu de Cressy près Lausanne[1]. Leur écu portait « pallé d'argent et de sable, de six pièces » chargées d'une bande d'azur, cimier trois panaches » de même que l'escu. »

Dans un vieil armorial enluminé in-4, appartenant à H. D'Hozier, on trouve une autre armoirie : « de sable à la bande d'argent. » Enfin dans le nobiliaire du Dauphiné de M. de la Batie, les armes de cette famille

---

[1] *Armorial de Pasche*. Département des manuscrits. Bibliothèque nationale à Paris.

sont « de gueules à la bande d'or chargée de trois flam-
» mes au naturel, accompagnée d'une étoile d'or en
» chef et d'un croissant d'argent en pointe. »

Des Cressy vinrent s'établir dans les Hautes-Alpes
et à Embrun.

Quelques parchemins, qui ont été conservés, prou-
vent l'antiquité de cette famille.

Le plus ancien porte la date du 6 février 1314. Deux
transactions de 1432 et 1437 ont encore leurs sceaux.
Une obligation de 1441... une autre de 1573[1] etc...

Un Cressy vivait en Italie vers 1550, il était officier du Palais du pape Pie V[2].

Ce n'est que vers 1614 que l'on retrouve, d'une
manière précise, la présence à Embrun de Pierre-Jean
de Cressy. Son fils Jean-Daniel de Cressy fut consul
d'Embrun en 1669.

Le fils aîné du précédent, Antoine de Cressy, fut
écuyer du roi, puis commissaire aux revues de 1690 à
1698. Ses armes portaient de sable au lion d'or.[3]

Par un testament de 1718, passé devant maître
Blanc, notaire à Embrun, il donna tous ses biens à son

[1] Département des manuscrits, bibliothèque nationale. Dossiers bleus, des
familles. Famille de Cressy.

[2] Argelati (Bibliothèque mediol.)

[3] Nobiliaire du Dauphiné. Rivoire de La Batie.

beau-frère messire Jean Tholozan, seigneur de la Madeleine, conseiller avocat du Roi, à la charge de les restituer tous à son fils aîné, quand il aurait accompli sa 25ᵉ année.

Il mourut en bon catholique et fut inhumé dans la paroisse de Saint-Donnat. Il laissa plusieurs enfants, parmi lesquels Jacques, capitaine au Régiment Royal du Poitou et son héritier qui suit.

François de Cressy fut juge archiépiscopal d'Embrun de 1740 à 1750 et il laissa à son tour trois enfants : Jean-Louis-François qui suit ; Paul-François, et Cressy-Berckheim qui avait servi dans un régiment de ce nom.

Jean-Louis-François de Cressy acheta la seigneurie de la terre des Crottes, fut conseiller du roi, vibailly et lieutenant-général du siège d'Embrun (1779-1791) puis commissaire des guerres de 1792 à 1800. Il est mort à Rémollon en 1838. Il avait épousé, vers 1776, Marie-Madeleine-Hélène-Éléonore Colaud de la Salcette.

Lorsque les trois ordres de la province du Dauphiné se réunirent à Romans, le 21 juillet 1788, Jean-Louis-François de Cressy y figura comme lieutenant-général du baillage d'Embrun. Son frère, Paul-François de Cressy, abbé et chanoine d'Embrun, y prit séance (10-28 septembre 1788 et aussi 2-8 novembre 1788) au nombre des députés des Églises cathédrales.

28

Jean-Louis-François de Cressy, ne laissa que deux filles : Marguerite-Émilie et Pauline.

Pauline-Élisabeth-Éléonore née le 28 octobre 1778[1], épousa le 9 thermidor an III à l'âge de 16 ans, le général[2] Achille-Victor-Fortuné Piscatory de Vaufreland, attaché à l'armée des Alpes.

Elle donna plusieurs enfants à son mari, nous les retrouverons dans la notice sur la famille de Vaufreland.

Quand à Marguerite-Émilie, elle devient Madame de Ventavon et nous en parlerons dans la famille de ce nom.

La famille de Cressy possédait le fief de Praslon et le fief des *Crottes*. Cette dernière terre a été vendue en 1826 au Président Bontoux. Elle est aujourd'hui la propriété de M. Roman.

---

[1] Paroisse St-Vincent d'Embrun. Parrain, Antoine-François Colaud de La Salcette, chevalier, conseiller du roi, premier avocat général au Parlement du Dauphiné, grand-père de l'enfant. La marraine Marie-Eléonore Daymard d'Achal aïeule.

[2] Promu général de brigade, le 25 prairial, an III.

FAMILLE·DE CRESSY

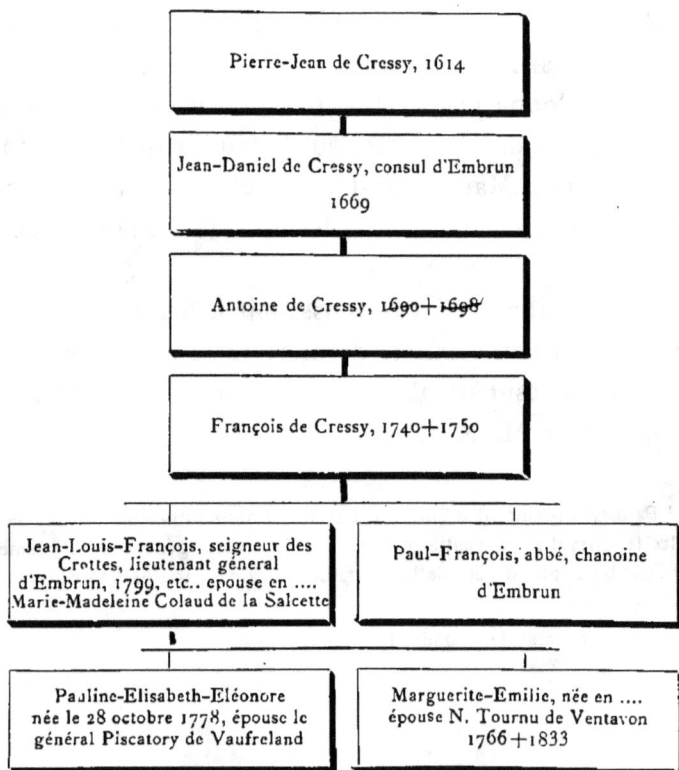

```
┌─────────────────────────────────────┐
│    Pierre-Jean de Cressy, 1614       │
└─────────────────────────────────────┘
┌─────────────────────────────────────┐
│ Jean-Daniel de Cressy, consul d'Embrun│
│               1669                    │
└─────────────────────────────────────┘
┌─────────────────────────────────────┐
│   Antoine de Cressy, 1690+1698        │
└─────────────────────────────────────┘
┌─────────────────────────────────────┐
│   François de Cressy, 1740+1750       │
└─────────────────────────────────────┘
```

Jean-Louis-François, seigneur des Crottes, lieutenant géneral d'Embrun, 1799, etc.. epouse en .... Marie-Madeleine Colaud de la Salcette	Paul-François, abbé, chanoine d'Embrun
Pauline-Elisabeth-Eléonore née le 28 octobre 1778, épouse le général Piscatory de Vaufreland	Marguerite-Emilie, née en .... épouse N. Tournu de Ventavon 1766+1833

28.

LES TOURNU DE VENTAVON

Les différentes familles qui ont porté le nom de Ventavon sont depuis longtemps éteintes. Ceux qui possèdent aujourd'hui le château de Ventavon et en portent le nom, les ont reçus de leurs auteurs qui en étaient devenus propriétaires par des acquisitions ou des alliances que nous allons rappeler.

On trouve à la Bibliothèque nationale au département des manuscrits (volume des pièces originales, 2870, de Tournus n° 63,670.) plusieurs actes sur parchemin, presque tous munis de leur sceau en cire.

Charte de 1360 reconnaissance. Le cachet très bien conservé porte une arbalète avec deux étoiles à cinq pointes[1].

---

[1] Ce sont exactement les armes de la ville de Pierrelatte (Drôme).

Une autre de 1470 porte de Turnissio,

Un acte passé au *castelanna montis* indique *de Turnussio* ; en 1461 on trouve Tornussy Tornussio.

Un autre acte de 1461 porte encore de Tornus.

Enfin un parchemin de 1497 indique Tornussio et de Tournus.

Nous conserverons désormais le nom de Tournu qui a seul survécu chez les Tournu de Ventavon,

¨Leurs armes ont été enregistrées dans l'armorial général de la France, volume II, page 353.

Les derniers Tournu sont originaires de Parnans, au baillage de Saint-Marcellin. Noble Claude de Tournu y figure, dans la révision des feux ordonnée par Louis de Laval, gouverneur du Dauphiné (juin 1458).

Lorsque, le 14 décembre 1472, le comte de Comminge, gouverneur du Dauphiné, fit établir le rôle des familles nobles de la Province, Antoine de Tournu y figura. On la retrouve encore dans un titre qui a été conservé et qui porte la date du premier mai 1475.

Le 29 septembre 1540, Jean de Tournu fit acte de possession d'une maison forte dite du Viviers, située au Mandement de Parnans, et il déclara au vibailly de Saint-Marcellin, commissaire-enquêteur, que sa terre lui rapportait environ 6 livres de revenus.

La famille de Tournu passa de Parnans dans les Hautes-Alpes. En 1695, Jean était receveur des domai-

nes à Gap. Il eut un fils, Jean-Mathieu, et une fille
Marianne, qui épousa en 1695 Jean de Moustier, descendant d'un seigneur de Ventavon, qui vivait en 1550. En
1703 N. Tournu de Ventavon fut gouverneur du
Gapençois[1].

Jean de Tournu épousa plus tard N. du Barzac.
Son fils Jean-Mathieu fut juge des archevêques d'Embrun
il épousa N. de Reynier qui lui donna cinq fils :
Barthélémy qui suit ; trois fils qui entrèrent dans les
    ordres et dans la compagnie de Jésus ; Bruno qui
    fut chanoine de Gap.

Barthélemy Tournu de Ventavon fils de Jean-Mathieu
et de N. de Reynier, devint conseiller du roi, trésorier
général de France pour le Dauphiné en 1745. Ce fut
lui qui acheta[1] les terres de *Ventavon*, de *Lazer*, de
Monestier, d'*Allemand*, de *Rambaud*.

Monsieur J. Romans dans son ouvrage : *le Tableau
historique des Hautes-Alpes*, page 132, indique les seigneurs de Ventavon de la manière suivante :

Aussi longtemps que l'on peut remonter dans le passé, on trouve en

---

[1] Charonnet, *Histoire des guerres de religion dans les Hautes-Alpes*, (édition de 1861).

[1] Acte reçu de Boissieu, notaire à Roussillon, 23 novembre 1745. Vendeur François-Ferdinand de Clermont de Chatte, maréchal de camp des
armées du roi.

possession de la seigneurie de Ventavon trois familles alliées : les Mous-
tiers, les Agoult et les Oraisons. Il est probable que ces trois familles
avaient une commune origine et n'en faisaient qu'une en réalité, car des
frères portent indifféremment le nom d'Agoult ou d'Oraison. Voici la descendance de la famille de Moutiers qui a fini par rester seule à la tête de
ce fief :

> Guillaume de Moustiers, 1140.
> Anselme, 1150.
> Guillaume, 1200.
> C. Guillaume, 1250-1290.
> Bertrand dit Etendart, 1307.
> Guillaume, 1323-1334.
> Etendart, 1343-1350; son frère Louis 1337-1350.
> Guillaume fils de Louis, 1350-1395.
> Antoine, 1412-1458.
> Pierre, 1458-1478.
> Louis, 1487-1493.
> Henri, 1533-1535.
> Charles, 1541-1590.
> Suzanne sa fille épousa Jacques de Morges et fut seigneur de 1590 à 1621.
> Jean-Balthazard leur fils, 1621-1660.
> François mort sans postérité, 1678-1732.
> Claire sa sœur épouse Alphonse de Clermont Chatte, 1733.
> Charles Balthazard leur fils, 1734.
> François-Ferdinand, 1735-1745.

C'est à cette époque 1745 que Barthélemy de
Tournu acheta la seigneurie de Ventavon et en devint
seigneur de 1745 à 1760. Il épouse N. du Veyer. Son
testament signé en 1760 au château de Ventavon a été
conservé.

Il laissa 4 fils et 4 filles :

1 Jean-Antoine qui suit.

2 Jean-Mathieu, jésuite célèbre, né le 14 septembre 1733, Cet homme éminent séjourna longtemps en Chine, où comme ingénieur il sut conquérir une grande autorité auprès de l'empereur. On fixe sa mort au 27 mai 1787.

3. François, dit l'abbé de Saint-Germain, qui fut jésuite et curé de Ventavon.

4. François-Xavier Tournu de Beauvillard, qui embrassa la carrière des armes, devint capitaine au régiment de Médoc et chevalier de Saint-Louis.

5. N. Tournu de Ventavon, dite Mademoiselle de Lazer, épousa M. de Laplane.

6. N. qui se maria avec M. Toscan d'Allemand.

7 et 8. Enfin deux autres filles qui n'eurent pas de descendance.

Jean-Antoine fut de 1760 à 1789 seigneur de Ventavon, Lazer, Rambaud, etc. Il acheta, le 22 août 1787, la terre de Jarjayes, de François-Augustin de Reynier de Jarjayes. Il testa et mourut la même année. Il avait épousé Anne Touche dont il eut cinq fils et trois filles :

1 Gaspard-Alloys-Edouard qui suit ;

2 Casimir, lieutenant-colonel de dragons, qui fut tué pendant les guerres de l'Empire.

3 Xavier qui fut capitaine au régiment de Médoc, puis colonel des Gardes nationales des Hautes-Alpes.

4 Victor qui fut lieutenant au régiment de Vintimille, puis juge de paix du canton de Laragne.

5 Henri qui fut capitaine au régiment de Médoc.

6 Bonne qui épousa M. D'Auriac.

7 Valérie, mariée le 8 janvier 1786, à Jean-Joseph-André Pinet, seigneur de Manteyer et de Saint-André-la-Freyssinouse.

8 N. mariée à N. Borelly.

Gaspard-Alloys-Édouard, né à Ventavon, le 4 octobre 1766, fut avocat au Parlement de Grenoble. Il remplaça comme conseiller au Parlement, Joseph Garcin du Chatelard (lettres-patentes du 14 août 1786).

Il fut en 1811, conseiller à la cour impériale de Grenoble et mourut le 6 juin 1833. Il avait épousé Emilie-Marguerite de Cressy dont il eut deux fils et une fille :

1 Jean-Mathieu qui suit.

2 Anne-Marie-Émilie, née en 1803, morte en 1879 après avoir vécu pendant de longues années au monastère de Montfleuri près de Grenoble.

3 Casimir né en 1806 mort en 1879 qui devint avocat, député des Hautes-Alpes et sénateur de ce département.

Jean-Mathieu Tournu de Ventavon, fils de Gaspard-Alloys-Edouard et de Émilie-Marguerite de Cressy, naquit au château des Tancs près Valserres (Hautes-

29

Alpes), le 11 juin 1800. Il entra en 1822 au parquet du Tribunal civil de Grenoble. Promu substitut du procureur général en 1827, il était avocat général quand la Révolution de 1830 éclatat. Il donna sa démission et se fit inscrire au barreau de Grenoble. Trois fois il fut choisi pour batonnier de l'ordre. Il fut aussi membre du conseil général des Hautes-Alpes de 1840 à 1848 et mourut à Grenoble le 5 janvier 1864.

Il épousa le 18 mai 1825, en premières noces, Suzanne-Laure de Reynier de Jarjayes, qui lui donna deux filles :

1 Marie-Louise-Émilie-Laure, née en 1826, morte en 1887, qui se maria à Victor-Marc-Joseph Berlioz de Reynier de Jarjayes. Elle a laissé une fille Louise, qui a épousé Adolphe Bonnet-Masimbert et lui a donné cinq enfants.

2 Marie-Marguerite-Joséphine, née en 1827, morte en 1888, restée célibataire.

D'un second mariage avec Joséphine Bonnet, morte en 1889, il a laissé deux fils :

1 Jean-Mathieu, comte Tournu de Ventavon qui continue la filiation.

2 Joseph-Émile-Édouard-Mathieu, né le 22 novembre 1841 à Grenoble, aujourd'hui juge au Tribunal civil de Saint-Étienne. Il a épousé le 19 mars 1868, Marie Fraisse-Merley. Il a été membre du conseil

général des Hautes-Alpes, n'a pas eu de descendance.

Mathieu, comte Tournu de Ventavon, né à Paris en 1838, a épousé, le 8 septembre 1869, Félicie Magne, d'une très ancienne famille nîmoise. Ils ont eu trois enfants :

1 Mathieu, né en 1872.

2 Blanche, née en 1875.

3 Lyonnel, né en 1881.

Les châteaux de Ventavon et de Jarjayes, sont encore aujourd'hui (1889) la propriété de la famille.

Les armes des Tournu de Ventavon sont : écartelé au 1er et 4e d'azur, à trois têtes arrachées de lion d'or, lampassées de gueules et couronnées d'argent, qui est de Morges Ventavon ; aux 2e et 3e du même à une bisse d'argent se mordant la queue, qui est de Tournu. Timbré d'une couronne de comte.

La devise est *semper honorate,* et quelquefois *Potius mori, quam fallere fidem.*

FAMILLE TOURNU DE VENTAVON

N. Tournu, épouse N. de Morges.

Jean Tournu, épouse N. de Barzac.

Jean-Mathieu, épouse N. de Reynier.

Barthélemy Tournu, conseiller du roi, trésorier général de France pour le Dauphiné, acheta en 1745 la seigneurie de Ventavon et épouse N. du Veyer.

Trois fils jésuites.

Bruno, chanoine à Gap.

Jean-Antoine, épouse Anne Touche et achète, en 1787, la terre de Jarjayes.

Gaspard, 1766 †, épouse Émilie de Cressy.

Jean, jésuite, célèbre en Chine.

François, jésuite, Curé de Ventavon.

François-Xavier, capitaine au régiment de Médoc.

N. de Lazer, épouse N. de Laplane.

N.... marié à N. Toscan d'Alle- mond.

deux filles célibataires.

Casimir, lieutenant-colonel de dragons.

Xavier, colonel des gardes nationales.

Victor, officier, puis juge-de-paix à Laragne.

Henri, capitaine au régiment de Médoc.

Bonne, épouse N. d'Auriac.

Valérie, épouse J. Pirnet, seigʳ de Manteyer.

N... mariée à N. Borelly.

Laure, 1826 † 1887 épouse Victor Berlioz de Jarjayes.

Marié en 1825 avec Laure de Jarjayes.

Jean-Mathieu de Ventavon, 1800 † 1864.

Marié en 2ᵉˢ noces, Joséphine Bonnet.

Émilie, 1803 † 1879 religieuse.

Casimir, 1806 † 1879 député et sénateur.

Louise, épouse Adolphe Bonnet Masimbert.

Josephine, 1827 † 1888 célibataire.

Mathieu, 1838, comte de Ventavon, épouse en 1869 Félicie Magne, née...

Édouard, 1840 épouse en 1868 Marie Fraisse Merley.

Henri, né en 1881. François, né en 1882. Louis, né en 1884. Marie, née en 1886.

Mathieu, né en 1872.

Blanche, née en 1875.

Lyonnel, né en 1880.

NOTES ANNEXES

SUR LA FAMILLE DE VENTAVON

NOTE SUR LA FAMILLE DE MORGES

L'héritier d'Abel Bérenger, Gaspard, fils de son frère César, démembra ses immenses domaines. Il vendit, le 24 août 1652, à noble Étienne Roux-Deageant, sa seigneurie de Morges. Cette vente consentie pour 30.000 livres et cent pistoles fut approuvée par lettres-patentes de Louis XIV, en date du 6 septembre 1652. L'année suivante, le 30 juillet 1653, Étienne Roux reçut l'investiture de tous les droits du vendeur. Il mourut le 25 novembre 1667.

Adrien, son fils, laissa à son tour un enfant : Claude-Estienne Roux-Deageant de Pontherieux, chevalier d'honneur au Parlement de Grenoble. C'est en sa faveur que la terre de Morges fut érigée en comté, 1732.

François de Salles, Pierre, comte de Morges, son fils, fut membre de l'Assemblée provinciale de 1787, et présida en 1788 les réunions de Vizille.

Député aux États généraux, il émigra en 1792 et les biens furent vendus en 1793.

La 89e livraison du Bulletin de la société archéologique de la Drôme, pages 358 et suivantes, donne les plus grands détails sur les de Morges.

La famille des comtes de Morges existe encore aujourd'hui, 1889. François-Charles Roux-Deageant comte de Morges, a épousé le 9 juin 1861 Constance de Gay de Taradal.

TABLE DES MATIÈRES

Pages

Le Général de Montluisant à ses chers enfants 5

I. — Famille de Montluisant 9
II. — Jacques Gobineau, sieur de Montluisant 13
III. — Esprit Gobineau, sieur de Montluisant 14
IV. — Estienne de Montluisant 19
V. — Marc-Antoine de Montluisant 21
VI. — Charles-Louis de Montluisant 23
VII. — Charles-François de Montluisant 27
VIII. — Charles-Laurent-Joseph de Montluisant 29
IX. — Charles-Bernardin-Marie de Montluisant 31
X. — Charles-Marie-Joseph de Montluisant 34

Note sur les Gobineau Chartrains 40
États de services de Charles-Laurent-Joseph de Montluisant . . . 42
États de services de Charles-Bernardin-Marie de Montluisant . . 43

TABLE DES MATJÈRES

Pages

Bref de N.-S.-P. le Pape Léon XIII à Charles-Bernardin-Marie de Montluisant 45

Note sur les de Montluisant Autrichiens 47

Une Seigneurie de Montluisant. 50

Famille de Laguette, barons d'Heyriat et de Mornay. 52

Famille de Mont-de-Benque 59

Famille de Gonin 61

Famille Varenard de Billy. 64

Famille de Millot 66

Famille de La Vergne 67

Famille de Baudot. 60

Famille de Dominique Tout le Monde. 69

Famille du Général Baron Colaud de la Salcette. 73

I. — N. Alloys. 77

II. — N. Alloys habitant Salvoux. 77

III. — Antoine Colaud de la Salcette. 77

IV. — Joseph Colaud de La Salcette. 70

V. — Antoine-François Colaud de La Salcette. 81

VI. — Jean-Jacques-Bernardin Colaud de La Salcette. 83

VII. — Léonce, baron Colaud de La Salcette 85

VIII. — Paul, baron Colaud de La Salcette. 87

Notice historique sur le Général de Division, baron Jean-Jacques-Bernardin Colaud de La Salcette 90

Pièces annexes à la Notice sur la Famille du Général Baron Colaud de La Salcette (Archives du Royaume). 115

TABLE DES MATIÈRES

Pages

Pièces justificatives pour la Notice du Général (Archives du Ministère de la Guerre). 116

États de services du Général de La Salcette. 117

Famille de Beauvers 120

Famille de Gretry 127
Jean-Noël de Gretry 128
François-Pascal de Gretry 130
Jean-Joseph-Célestin de Gretry. 134
Jean-Joseph-Alexis de Gretry. 135
Alexis-Modeste de Gretry 136

Famille Dausse 138

Famille Rolland 147

Famille Giroud 153

Famille Février 155

Familles Teisseire et Périer 157

Alliances de la Famille Teisseire 159

Famille du Général Vicomte Piscatory de Vaufreland. 175
Marquis et Marquise de Pastoret 181
Général Piscatory, Vicomte de Vaufreland 185
Ludovic, Vicomte de Vaufreland 191
Ernest, Vicomte de Vaufreland. 194

États de services du Général Piscatory de Vaufreland. 199

Alliances de la famille du Général de Vaufreland :
Les Bausset, seigneurs de Roquefort. 201

3ɔ

TABLE DES MATIÈRES

	Pages
Les Renouard de Bussière	202
La famille de Chevigné	204
Famille Clary	206
Famille de Forbin	211
Famille du Comte de Marcellus	214
Famille Hyde de Neuville	217
Famille du Lau d'Allemans	219
Famille de La Rochefoucauld	220
Famille Pastoret	223
Famille Périnet	225
Famille de Rouillé	226
Famille de La Forest de Suzannet	228
Les Cressy, seigneurs de Praslon et des Crottes	231
Les Tournu de Ventavon	236
La famille de Morges	245

INDEX

DES TABLEAUX GÉNÉALOGIQUES

CONTENUS DANS CES NOTICES

Pages

TABLEAUX GÉNÉALOGIQUES :

Des Montluisant 35

Des Montluisant branche Dauphinoise 36

Des Montluisant branche Autrichienne et Mesquite 37

Des Montluisant branche des Flandres 38

De la famille des Barons Laguette de Mornay 55

Alliance des Mornay et des Monthoux de Savoie 56

De la Famille Fauvin 57

De la Famille des Mont-de-Benque 58

De la Famille Varenard de Billy 65

Des Alloys, seigeurs de la Salcette 88

De la Famille du Général Baron Colaud de la Salcette 89

De la Famille Travers de Beauvers 125

TABLEAUX GÉNÉALOGIQUES

Pages

TABLEAUX GÉNÉALOGIQUES :

De la Famille de Montlouis. 126
De la Famille de Gretry 137
De la Famille Dausse 145
Des Familles Rolland et Teisseire-Rolland 146
De la Famille Labbé de Gorcy. 150
De la Famille François Giroud de Saint-Marcelin. 151
Des Familles Giroux, La Bruyère. Ducruy et Favre-Gilly. 152
De la Famille Teisseire, avec ses ascendants et ses descendants dans
    les Familles Périer. 163
De la Famille Périer. 164
De la Famille Augustin Périer. · 165
De la Famille Scipion-Antoine Périer. 166
De la Famille Charles Teisseire 167
De la Famille Alphonse Périer 168
De la Famille Teisseire, rameau Chaper 169
De la Famille Chaper, rameau Marey. 170
Des Familles Amédée-Joseph Périer et Joseph-André Périer. 171
De la Famille Joseph-André Périer, rameau Edmond Périer. 172

De la Famille du Vicomte Ludovic de Vaufreland. 196

De la Famille de Rouillé. 197
De la Famille de Perinet. 198
De la Famille Clary. 209
De la Branche du Comte François Clary. 210
De la Famille du Duc de La Rochefoucauld. 222
De la Famille de Suzannet. 230
Des de Cressy. 235
Des Tournu de Ventavon. 244

ARMES

	Pages
Des Gobineau de Montluisant.	8
Des Colaud de la Salcette.	72
Des Piscatory de Vaufreland.	174

ACHEVÉ D'IMPRIMER

LE 15 JANVIER 1892

SUR LES PRESSES

DE

FRANÇOIS DUCLOZ

IMPRIMEUR-LIBRAIRE

A MOUTIERS (SAVOIE)

✠

Papier de la maison Blanchet et Kléber, de Rives

Couverture peau d'âne de la maison Aussedat

Dg/19

www.ingramcontent.com/pod-product-compliance
Lightning Source LLC
Chambersburg PA
CBHW070807270326
41927CB00010B/2332